Markt und Innovation

Institut für Management & Innovation - IMI -

Fernfachhochschule Schweiz
Teilschule der Scuola Universitaria Professionale della Svizzera Italiana (SUPSI)

Prof. Dr. Rolf Pfeiffer und Prof. Ingeborg Pult (Hrsg.)

IMI - Schriftenreihe   Nr. 1

Markt und Innovation

Mit Beiträgen von:

- Godela Dönnges
- Manfred König
- Jürg Hari
- Rolf Pfeiffer
- Adalbert Jung
- Ingeborg Pult

vdf Hochschulverlag AG an der ETH Zürich

Teilschule der **SUP**SI

Bibliografische Information der Deutschen Nationalbibliothek
Die Deutsche Nationalbibliothek verzeichnet diese Publikation in der
Deutschen Nationalbibliografie; detaillierte bibliografische Daten sind im
Internet über http://dnb.d-nb.de abrufbar.

ISBN 3-7281-3160-7

© 2007, vdf Hochschulverlag AG an der ETH Zürich

Inhaltsverzeichnis

Institut für Management & Innovation (IMI)

Das Institut für Management & Innovation – IMI – ist ein Institut des Departements Wirtschaftswissenschaften der Fernfachhochschule Schweiz (FFHS). Es wurde 2005 gegründet und hat seinen Sitz am Regionalzentrum Zürich-Regensdorf der FFHS.

Als Fachhochschulinstitut versteht sich das IMI als Hochleistungs-drehscheibe zwischen der Praxis, der Forschung und der Lehre. Es betreibt angewandte Forschung und Entwicklung sowie Beratung auf dem Gebiet des Managements und der Innovation. Seine Forschungs-, Entwicklungs- und Beratungstätigkeit ist auf unmittelbare Anwendung in der Praxis ausgerichtet. Es arbeitet daher eng mit interessierten Unternehmungen, Organisationen und Verbänden zusammen. Zudem ist es in ein internationales Netzwerk von wissenschaftlichen Partnern eingebunden. Die Forschungserkenntnisse finden auch Eingang in die Lehre und werden der interessierten Öffentlichkeit in Form von Publi-kationen zur Verfügung gestellt. Das IMI will sich mit seiner Schriften-reihe aktiv, schnell und unkonventionell an der Diskussion von Wissenschaft, Wirtschaft und Politik zum Thema Management und Innovation beteiligen.

Thematisch beschäftigt sich das IMI mit folgenden Forschungsfeldern:

1.   Marktorientiertes Innovationsmanagement

Im Rahmen des Marktorientierten Innovationsmanagements konzen-triert sich das IMI auf die Querschnittsfunktion Innovationsmanage-ment, welche direkten Einfluss auf die Führung der gesamten Organi-sation hat. Hierbei erhält die marktorientierte Sichtweise, die Gestaltung des Innovationsmanagements vom Markt her, einen herausragenden Stellenwert. Die Forschungsarbeit widmet sich der Ganzheitlichkeit des Innovationsprozesses und betrachtet hierbei insbesondere die Qualität der Schnittstellen zwischen den einzelnen Funktionen und Prozessphasen. Zu diesem Verständnis von Ganz-heitlichkeit gehört auch der umfassende Blick auf Produkt- und Prozessinnovationen. In der praktischen Umsetzung spiegelt sich dies in der Schöpfung und nachhaltigen Vermarktung von Bedürfnislösungen sowie in der hierzu notwendigen Ausgestaltung von Aufbau- und Prozess-Organisation wider. Die Entwicklungsziele beinhalten die Bereitstellung von Tools und Instrumenten, mit welchen insbesondere KMU aus eigener Kraft sowie mit vertretbarem Aufwand ihren jeweiligen spezifischen Innovationsprozess entwickeln und in ihrer Organisation erfolgreich implementieren können.

2. Internationales Benchmarking

Im Benchmarking konzentriert sich das IMI auf den internationalen Vergleich und die langfristige Auswertung der Kernprozesse von Unternehmen aus dem Industrie- und Dienstleistungsbereich. Ein besonderes Augenmerk wird hierbei dem Innovationsprozess geschenkt. Im Rahmen des von der EU unterstützten „Internationalen Benchmarking-Wettbewerbs" werden in den Ländern Deutschland (Export-Akademie Baden-Württemberg der Reutlingen University), England (Cranfield University, School of Management), Italien (Bocconi University Milano) und Schweiz (IMI der FFHS) jährlich dieselben Daten erhoben, die die Basis für die internationale Forschungsarbeit bilden. Zweck des Wettbewerbs ist es, die Prozessqualität der teilnehmenden Unternehmen vor dem Hintergrund steigender internationaler Konkurrenz zu fördern. Dazu erhalten die teilnehmenden Unternehmen ihren individuell aufbereiteten, mit wertvollen Handlungsempfehlungen versehenen Benchmarking-Report, mit Hilfe dessen sie von den Besten lernen und aus eigener Kraft Projekte zur Optimierung der erfolgsrelevanten Prozesse einleiten können. Der Internationale Benchmarking-Wettbewerb gipfelt jeweils in der jährlichen Verleihung des „International Best Factory Award" und des „International Best Service Award".

3. eHRM

eHRM umfasst die Informatisierung des Human Resource Managements und befasst sich mit den Möglichkeiten – aber auch Konsequenzen – der Neuen Medien, Personalarbeit zu automatisieren, respektive deren Nutzen zu optimieren. In allen HR-Bereichen ergeben sich mit dem „e" für „electronic" interessante Symbiosen. Die Forschungs-, Entwicklungs- und Dienstleistungstätigkeiten konzentrieren sich auf folgende Themengebiete: ePortfolio, eRecruiting, ePre-selection, Blended Assessment / Coaching / Career Support / Out-placement, Workflow-Systeme, Skillmanagement

Die Mitarbeitenden des IMI sind hoch spezialisierte Dozierende der Fernfachhochschule Schweiz. Sie verfügen nicht nur über aktuellstes Wissen in ihrem Forschungs- und Beratungsbereich, sondern kennen auch die Bedürfnisse und Problemstellungen der Praxis hautnah. Zudem werden Studierende im Rahmen von praxisorientierten Arbeiten aktiv in die Forschungs-, Entwicklungs- und Beratungsprojekte integriert. Dies macht das Institut für Management & Innovation zu einem idealen Partner für Auftraggeber aus der Wirtschaft und Verwaltung.

Die Fernfachhochschule Schweiz (FFHS) wurde im März 1998 gegründet. Sie bietet berufsbegleitende Bachelor- und Masterstudiengänge in den Bereichen Wirtschaft, Informatik und Engineering an. Dank der Methodik des Blended Learning mit einem Selbststudienanteil von 80 % und einem Präsenzstudienanteil von 20 % ist sie die Alternative für Berufstätige, die möglichst zeit- und ortsunabhängig studieren bzw. Beruf, Studium und Familie optimal aufeinander abstimmen möchten. Seit September 2004 ist die FFHS eine vom Bundesrat offiziell genehmigte Teilschule der „Scuola Universitaria Professionale della Svizzera Italiana SUPSI".

Kontaktadresse:

Institut für Management und Innovation – IMI
Fernfachhochschule Schweiz, Regionalzentrum Zürich
Althardstrasse 60, 8105 Regensdorf
Telefon: 044 842 15 00
Telefax: 044 842 15 51
http://www.fernfachhochschule.ch

Kompetenzzentrum Innovation und marktorientierte Unternehmensführung (KIM) – ein Institut der Fachhochschule Ludwigshafen am Rhein

Das Kompetenzzentrum Innovation und marktorientierte Unternehmensführung ist ein Institut der Fachhochschule Ludwigshafen am Rhein, das sich mit anwendungsorientierten betriebswirtschaftlichen Fragestellungen befasst. Das Institut ist aus einer in den 90er Jahren bestehenden Forschungskooperation der beiden Professoren Dr. Manfred König und Dr. Rainer Völker hervorgegangen. Die Überführung in ein Kompetenzzentrum erfolgte mit Hilfe einer Anschubfinanzierung des Landes Rheinland-Pfalz im Jahr 1999. Die Mitarbeiter (Projektleiter und Projektassistenten) verfügen über einen akademischen Abschluss und haben Schwerpunkte in den Bereichen Strategisches Management, Marketing, Controlling und Prozessmanagement.

Das Institut ist gleichermassen der Wissenschaft und der Praxis verpflichtet. Die Aktivitäten des Kompetenzzentrums beruhen auf vier Säulen – Forschung, Transfer, Weiterbildung und Integration in Netzwerke. Zentraler Bezug für die Forschungs- und Transferaufgaben ist die Realität der Märkte. Das Institut arbeitet problemorientiert und trägt dazu bei, wirtschaftlichen Fragestellungen zu beantworten, indem es relevante Sachverhalte analysiert und systematisiert. Im Rahmen des Forschungsprozesses werden Hypothesen aufgestellt, überprüft und abstrahiert. Darüber hinaus werden entsprechende Konzepte entwickelt, evaluiert und in die Praxis transferiert und publiziert. Neben der Publikation von Fachbüchern und Artikeln veröffentlicht das Kompetenzzentrum seine Forschungsergebnisse regelmässig über die institutseigene Schriftenreihe, z.B. „Nutzenorientierte Generierung von Value Added Services", „Wertorientierte Technologiebeurteilung", „Innovationsmanagement im gesamtgesellschaftlichen, wirtschaftlichen, und betrieblichen Kontext und unter besonderer Berücksichtigung kleiner und mittelständischer Unternehmen (KMU)" etc., sind derzeit erhältlich.

Das Institut führt zum einen Forschungsprojekte öffentlicher Träger durch, zu denen beispielsweise die AiF, die Stiftung Industrieforschung, das Bundesministerium für Bildung und Forschung, das Ministerium für Wirtschaft, Verkehr, Landwirtschaft und Weinbau Rheinland-Pfalz und das Ministerium für Bildung, Wissenschaft, Jugend und Kultur Rheinland-Pfalz gehören.

Zum anderen arbeitet das Institut im Auftrag von Unternehmenspartnern im Bereich der angewandten und Auftragsforschung. Einen Schwerpunkt bildet das Feld Innovationsforschung mit besonderem Fokus auf den Mittelstand. So wurden in diesem Bereich zahlreiche Untersuchungen durchgeführt, u.a. „Mittelstand 2010", „Verbesserung der Innovationsfähigkeit von KMU in Rheinland-Pfalz", „Typische Problemfelder des Innovationsmanagements bei KMU" etc.

Zentrum für Marketing Management (ZMM)

Das Zentrum für Marketing Management ZMM der ZHW-School of Management ist darauf ausgerichtet, wissenschaftliche Erkenntnisse und praktische Erfahrung rund ums Marketing eng miteinander zu verknüpfen. Das ZMM deckt das aktuelle Spektrum des modernen Marketings in Aus- und Weiterbildung, Forschung/ Entwicklung sowie Beratung/ Dienstleistung ab. Dabei arbeiten wir mit öffentlichen Institutionen, Grossunternehmen, KMU und Privatpersonen im regionalen und nationalen Kontext als auch mit Partnerschulen im In- und Ausland zusammen.

Schwerpunkte der Arbeit in Akademie und Praxis sind Customer Relationship, Management (CRM)/ Verkauf, kundenorientiertes Pricing, Integrierte Kommunikation und die Erarbeitung von Konzepten im Standortmarketing.

Mit unserem Lehrangebot auf der Diplomstufe FH (Bachelor und Masters) ermöglichen wir im Fach Marketing den Studierenden eine umfassende Grundausbildung, die sie auf ihre beruflichen Aufgaben vorbereitet. Der Unterricht behandelt klassische und moderne Aspekte des Marketings und orientiert sich an der Realität der Märkte. Im Zentrum stehen die Themen Marketinggrundlagen, Kundensegmentierung, Marketing-Strategien und -Konzepte, Marktforschung sowie operative Marketingentscheide (Marketing-Mix).

Schwerpunkte der anwendungsorientierten Forschung und Entwicklung sind die Themen „Customer Relationship Management (CRM)" und „integrierte Kommunikation". In diesen Feldern zielt das Zentrum für Marketing Management darauf ab, die Resultate der aF&E-Aktivitäten unmittelbar in der Wirtschaft bzw. in Unternehmen zu integrieren und anzuwenden. Je nach Fragestellung, Projektumfang und Kooperationsgrad werden die aF&E-Projekte zum Teil vom Bund mitfinanziert. Entscheidend dabei ist, ob neue wissenschaftliche Erkenntnisse entstehen und praxisnahe Lösungen erarbeitet werden. Unsere aF&E-Projekte werden daher in enger Zusammenarbeit mit Praxispartnern aus Wirtschaft und Verwaltung konzipiert und durchgeführt.

Neben den Lehr- und Forschungsaktivitäten erarbeitet das Zentrum für Marketing Management auch Marketing-Lösungen als Dienstleistung für öffentliche Institutionen und private Unternehmen. Unser breites Serviceangebot umfasst alle Arten von Marktforschung, Kunden- und Mitarbeiter-Zufriedenheitsmessung, Erarbeitung von strategischen und operativen Fragestellungen hauptsächlich in den Bereichen Customer Relationship Management, „integrierte Marketingkommunikation" und Standortmarketing. Als pragmatisch-wissenschaftliche Partner gewährleisten wir unseren Auftraggebern fachliche und methodische Unterstützung für innovative kundengerechte Problemlösungen. Darüber hinaus sind die Dozenten des Zentrums als Experten für ihre Themengebiete gefragte Referenten an unternehmensinternen und externen Anlässen.

Vorwort

Urs Fueglistaller

Geschäftsführender Direktor des „Schweizerischen Instituts für Klein- und Mittelunternehmer" der Universität St. Gallen (KMU-HSG)

Innovation ist nicht alles, aber ohne Innovation läuft in einem Unternehmen bald nichts mehr! Markt und Innovationen bedingen sich gegenseitig. Ohne die innovative Kraft der Unternehmen und die kreative Bedürfnisvielfalt der Kunden gibt es keine Weiterentwicklung des Marktes. Stellen Sie sich vor, liebe Leserin, lieber Leser: Wie langweilig und erbärmlich würden unsere Märkte nach einiger Zeit ausschauen, gäbe es die Innovationen nicht? Die Frage ist glücklicherweise rhetorisch, denn in der globalisierten Welt gibt es keinen Stillstand, dafür umso mehr die Bewegung. Die Kraft der Bewegung generiert sich u.a. auch aus der innovativen, strategisch verankerten Leistungsgestaltung der Unternehmen. Aus dieser Überzeugung bietet der vorliegende Herausgeberband einen ersten Überblick über die Bedeutung von Innovationen bei Klein- und Mittelunternehmen (KMU) in der Schweiz und in Deutschland. Damit erhalten Unternehmer und Führungskräfte von KMU wertvolle Erkenntnisse über die Marktorientierung und Ausprägung im Innovationsverhalten.

In der vorliegenden Schrift wird aber auch zu Recht über Barrieren und Hürden, Sturheiten und fehlende Lenkung von Innovationsprozessen diskutiert. Die Autoren sind der Überzeugung, dass sich KMU vermehrt Gedanken über ihre Gestaltung, Lenkung und Entwicklung von Innovationsprozessen machen müssen, um zu marktfähigen Innovationen zu gelangen. „Jedes Schloss war einst ein Luftschloss" – so die These; doch es gibt bekanntlich viele Barrieren, die sich gegen Ideen stemmen und Realisierungen verhindern. Gelebtes und erfolgreiches Innovationsmanagement hat nicht die Aufgabe, die Hürden und Barrieren zu zerschlagen, sondern sie richtig einzuschätzen und Massnahmen zu generieren.

Zum erfolgreichen Innovationsmanagement gehört folgerichtig auch die Marktbeobachtung – immer mehr KMU sprechen in diesem

15

Zusammenhang von Scouting – und die Marktprüfung; ohne die Beantwortung der Frage „Gibt es einen Markt für mein Produkt, meine Dienstleistung?" sollte man nicht enttäuscht sein, wenn sich niemand für die tolle Innovation interessiert. Deshalb lautet der Titel des vorliegenden Bandes auch Markt und Innovation. Der letzte Beitrag in diesem Buch liefert hierzu nützliche Tipps und einige grundlegende Gedanken.

Die vorliegende Schrift bietet der interessierten Leserschaft aus dem Kreise der KMU, aber auch der breiten Öffentlichkeit wertvolle Fakten, empirische Erkenntnisse und konzeptionelle Anregungen zum umfassenden Thema „Innovationsmanagement". Das gemeinsame Ziel der Aufsätze ist die Unterstützung der KMU in ihrer zentralen Aufgabe der Leistungsoptimierung und Leistungserneuerung, und dies ganz im Sinne der durchdachten und systematischen Entwicklung neuer Produkte, Produktionsverfahren und Dienstleistungen.

Die Marktorientierung im Innovations-verhalten der produzierenden KMU der deutschen Schweiz

Probleme und Lösungsansätze

Ingeborg Pult

Prof. Ingeborg Pult leitet seit 1998, dem Erstehungsjahr der Fernfach-hochschule Schweiz, die Abteilung Wirtschaftswissenschaften. Sie ist zudem Gründerin und amtierende Direktorin des IMI (Institut für Mana-gement & Innovation). Sie verfügt über langjährige Praxiserfahrung als Marketing-Managerin und als Leiterin von erfolgreichen Innovationsprojek-ten in der internationalen Marken-artikel-Industrie.

Inhaltsverzeichnis

1 Einleitung

Die Schweiz als Innovationsstandort nimmt weltweit eine Spitzen-position ein. So belegt sie im Innovationsbarometer der EU von 2005[1] den zweiten Platz nach Schweden; dicht gefolgt von Finnland, Japan, Dänemark, den USA und Deutschland.

Die Innovationsfähigkeit der Industrie ist in der Tat eine wesentliche Voraussetzung für den wirtschaftlichen Erfolg eines Landes. Längst zwingt ein gnadenloser Wettbewerbskampf die Unternehmen dazu, unaufhörlich innovativ zu sein.[2] Im Zuge der Globalisierung nimmt die Bedrohung der heimischen Märkte durch international agierende Unternehmen zu. Gleichzeitig müssen die Schweizer Unternehmen auf den Weltmärkten bestehen. Diese Wettbewerbsdynamik beschleu-nigt die Veralterung der Produkte, was zur Folge hat, dass die Produkt- und Technologielebenszyklen immer kürzer werden. Der Zwang zur Innovation – und insbesondere der Zeitdruck, unter wel-chem das erfolgreiche Innovieren zu erfolgen hat – nimmt ständig zu.[3]

Vor allem für kleinere und mittlere Unternehmen (KMU) stellt die Bewältigung dieses Strukturwandels eine existentielle Herausforde-rung dar. So verfügen sie im Gegensatz zu Grossunternehmen selten über ein eigenständiges Innovationsmanagement bzw. über das not-wendige Instrumentarium, um Innovationen systematisch zu planen, zu konzipieren und auf dem Markt zu positionieren.[4] Ihre Innovations-tätigkeit ist häufig produktions- statt marktorientiert.[5] Um auf den hart umkämpften Märkten jedoch signifikante Wettbewerbsvorteile zu erzeugen, ist ein marktorientiertes, ganzheitliches Innovations-prozessmanagement unabdingbar. Gerade die KMU[6] aber haben für

---

[1] Im europäischen Innovationsindex 2005 wurden 25 Innovations-Indikatoren aus folgenden fünf Bereichen erfasst: Innovationstreiber, Wissensgenerierung, Innovation & Entrepreneurship, Anwendung und geistiges Eigentum.

[2] Vgl. innoBE 2004, S. 1

[3] Vgl. König / Völker 2003, S. 5

[4] Vgl. innoBE 2004, S. 1

[5] Vgl. Jung / Dönnges 2006 / 1, S. 42 ff.

[6] Gemäss Definition der EU werden unter KMU Unternehmen mit weniger als 250 Beschäftigten verstanden. Vgl. KMU-Portal 2006

die Schweizer Volkswirtschaft eine herausragende Bedeutung. So stellen sie 67 % der Arbeitsplätze[7] und erwirtschaften 60 % des Bruttoinlandproduktes (BIP)[8]. Die Innovationsfähigkeit der KMU ist für die Gesamtwirtschaft der Schweiz somit von grösster Bedeutung.[9]

Im nun Folgenden soll zunächst die Innovationsleistung der gesamten Schweizer Industrie – des bedeutendsten Wirtschaftssektors der Schweiz[10] – etwas differenzierter betrachtet werden. Insbesondere stellt sich hier die Frage, ob der Industriestandort Schweiz seine weltweite Spitzenposition im Innovationsbereich auch in Bezug auf den Markterfolg seiner Innovationen verteidigen kann.

Danach wird auf das Innovationsverhalten insbesondere der mittleren und kleineren Industriebetriebe der deutschen Schweiz eingegangen. Mit welchen typischen Problemfeldern werden die KMU beim Innovieren konfrontiert? Welche Lösungsansätze bieten sich ihnen zur Optimierung des Innovationsverhaltens an? Im Mittelpunkt der Betrachtung stehen hierbei die mittelständischen[11] produzierenden Unternehmen der deutschen Schweiz, deren Innovationsverhalten 2006 im Rahmen einer qualitativen Studie[12] des Instituts für Management & Innovation (IMI) der Fernfachhochschule Schweiz und des Instituts für Marketingmanagement der Zürcher Hochschule Winterthur analysiert wurde.

---

[7] Vgl. KMU-Portal 2006

[8] Vgl. innoBE 2004, S. 3

[9] innoBE 2004, S. 3

[10] Die Industrie ist mit einem Anteil der realen Bruttowertschöpfung von 19,5 % – gefolgt von den unternehmensnahen Dienstleistungen mit 17,4 %, dem Handel mit 13,0 % und dem Finanzsektor mit 12,7 % – 2002 der bedeutendste Wirtschaftssektor der Schweiz. Vgl. Arvanitis / Hollenstein / Marmet 2005, S. 16

[11] Unter mittelständischen bzw. mittleren Unternehmen werden Unternehmen mit 50–249 Mitarbeitenden verstanden. Vgl. KMU-Portal 2006

[12] Jung / Dönnges 2006 / 1

2 Begriffserläuterungen

2.1 Die Marktorientierung

Der Begriff der Marktorientierung wird seit Beginn der 90er Jahre in der Marketingliteratur diskutiert. Trotz der mittlerweile beachtlichen Fülle an einschlägiger Literatur ist der Begriff bisher unscharf geblieben.[13] Im Allgemeinen wird darunter „das Lernen über Marktentwicklungen und die konsequente Anpassung des Leistungsangebots an sich ändernde Märkte"[14] verstanden.

Der Begriff ist so zentral für die marktgeleitete Unternehmensführung, dass er nicht selten als „the very heart of modern marketing management"[15] bezeichnet wird. Allerdings tun sich viele Unternehmen – speziell KMU – bei der Implementierung einer marktorientierten Führungsmaxime schwer.[16] Insbesondere in der Investitionsgüterindustrie – aber auch in weiten Teilen der Konsumgüterindustrie – ist oft eine erschreckende Abstinenz elementarster Prinzipien einer bewusst vom Markt her konzipierten Unternehmensführung feststellbar.[17] Die Gründe hierfür liegen zum einen in praktisch-politischen Schwierigkeiten der operativen Konzeptdurchsetzung, da in vielen Geschäftsbereichen persönliche und institutionelle Status- und Einflusseinbussen befürchtet werden. Zum andern besteht nach wie vor Unsicherheit über das Wesen des Marketing im Allgemeinen und den von ihm in den Mittelpunkt gerückten Begriff der Marktorientierung im Speziellen. Diese Unsicherheit wird verstärkt durch offenkundige Verständnisdefizite. So wird Marketing vielfach noch als Werbung oder gar spezielle Verkaufstechnologie verstanden, die insbesondere dann erforderlich wird, wenn sich die eigenen Produkte auf Grund mangelhafter technischer Qualität nicht absetzen lassen.[18]

---

[13] Vgl. von der Oelsnitz 2000, S. 73

[14] Gassmann / Reepmeyer 2003, S. 3

[15] Narver / Slater 1990, S. 20

[16] Vgl. von der Oelsnitz 2000, S. 73

[17] Vgl. Raffée / Fritz 1997, S. 299

[18] Vgl. von der Oelsnitz 2000, S. 73 f.

Die Bedeutung der Marktorientierung für den Erfolg des Unternehmens ist mittlerweile jedoch unbestritten. Sie basiert im Wesentlichen auf dem Wert von unternehmerischen Informationsvorsprüngen über die wichtigsten Kundenwünsche und Konkurrenzangebote sowie auf einer überlegenen Umsetzung dieser Informationen in einen signifikanten Kunden- bzw. Wettbewerbsvorteil.[19]

2.2 Die Innovation und der Innovationserfolg

Das Wirtschaftsleben und seine bestimmenden Faktoren sind einem stets schnelleren Wandel unterworfen. Die technischen Möglichkeiten, das verfügbare Wissen sowie die Ansprüche und Wünsche der Wirtschaftssubjekte verändern sich in einem bisher nicht gekannten Tempo. Auf Grund der Globalisierung und der Entwicklung der Informations- und Kommunikationstechnologien hat sich der Wettbewerb in allen Branchen verschärft. Die Internationalisierung der Märkte bedroht in Zukunft auch die von den schweizerischen KMU bisher mit Erfolg besetzten Nischen. Dies zwingt sie dazu, immer schneller erfolgreich zu innovieren.[20]

Der Begriff der Innovation wird im Allgemeinen vielfach diffus und unpräzise verwendet. Auch in der wirtschaftswissenschaftlichen Literatur gibt es hierfür keine einheitliche Begriffsdefinition. In Anlehnung an den Volkswirten Schumpeter[21] soll unter Innovation der Prozess der Durchsetzung einer technischen oder organisatorischen Neuerung verstanden werden; und nicht alleine ihre Erfindung. Daraus wird ersichtlich, dass eine Erfindung erst dann zur Innovation wird, wenn der Aspekt der Wirtschaftlichkeit gegeben ist. Innovationserfolg ist also mit wirtschaftlichem Erfolg gleichzusetzen. So bilden z. B. technische Erfindungen zwar oft die Grundlage von Innovationen, reichen aber als solche nicht aus, um einen Markterfolg zu sichern.[22]

---

[19] Vgl. von der Oelsnitz 2000, S. 74

[20] Vgl. Stern / Jaberg 2005, S. 2 f.

[21] Josef Alois Schumpeter (1883–1950)

[22] Vgl. Stern / Jaberg 2005, S. 6

2.3   Das marktorientierte Management von Innovationen

Unter dem Management von Innovationen wird somit die Wahrnehmung aller Aufgaben verstanden, die zu Innovationen bzw. zu einem entsprechenden Innovationserfolg führen. Darunter fällt die professionelle Begleitung einer neuen nützlichen Idee von ihrer Entstehung bis hin zur erfolgreichen Marktlancierung.[23] Es zählen also alle Aktivitäten des Wertschöpfungsprozesses von der Forschung über die Entwicklung und die Produktion bis hin zur Markteinführung des neuen Produktes einschliesslich der unterstützenden Funktionen in den Bereichen Personalmanagement, Organisation, Rechnungswesen und Finanzierung dazu.[24] Das innovierende Unternehmen steht hierbei permanent im Spannungsfeld zwischen den Anforderungen des Absatzmarktes einerseits und den unternehmensspezifischen Gegebenheiten andererseits. Zu ersteren gehören die Marktnachfrage, der Kundennutzen und die Marktstruktur. Zu letzteren zählen nicht nur die Ressourcen des Unternehmens in Form von Wissen, Technologien und Kompetenzen.[25] Massgebend ist auch ein Führungskonzept, das auf den Markt ausgerichtet ist.[26] Nur so ist gewährleistet, dass der gesamte Innovationsprozess konsequent marktorientiert erfolgt. (vgl. Abbildung 1)

Damit gewährleistet ist, dass es zu einer effektiven und effizienten Ideenrealisation kommt, ist es unabdingbar, dass der entsprechende Innovationsmanagementprozess systematisch geplant, durchgeführt, gesteuert und kontrolliert wird.[27]

---

[23]   Vgl. Little 1997, S. 155

[24]   Vgl. Vahs / Burmester 2005, S. 49

[25]   Vgl. Albers / Gassmann 2005, S. 6

[26]   Zum „Marktorientierten Führungskonzept" vgl. Meffert 2005, S. 6

[27]   Vgl. Vahs / Burmester 2005, S. 2

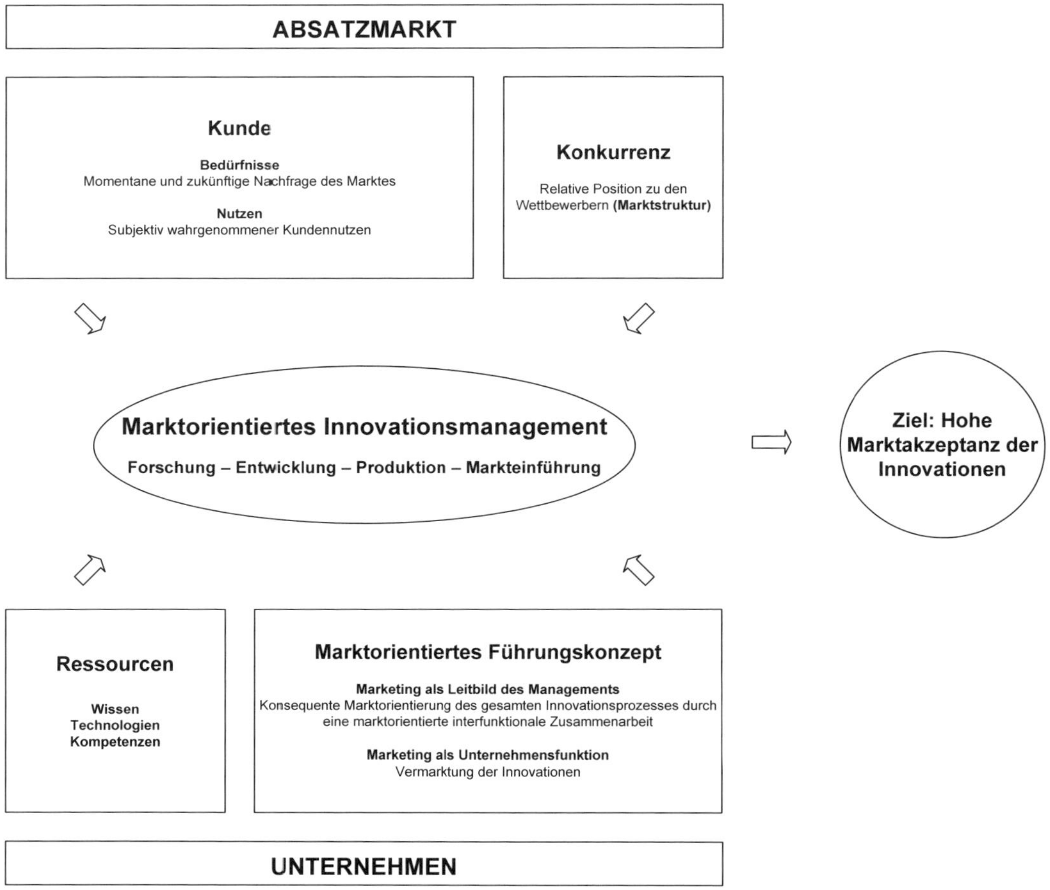

Quelle: Eigene Darstellung

Abb. 1: Determinanten und Zielsetzung des marktorientierten Innovationsmanagements

Die wesentlichen Aufgaben des Innovationsmanagements sind somit folgende[28]:

- Das Festlegen und Verfolgen der Innovationsziele und -strategien

- Das richtige und rechtzeitige Erkennen der zukünftigen Kunden-bedürfnisse sowie das Finden der richtigen Antworten in Form von marktgerechten Produkten und Leistungen

- Das Treffen der richtigen Entscheidungen zur Durchführung von Innovationen

- Das gezielte Planen und Steuern der Innovationsprozesse, damit Geschäftsideen schneller und besser als bei der Konkurrenz umgesetzt und damit zu Markterfolgen werden

- Das Schaffen einer innovationsförderlichen Unternehmensstruktur und -kultur

3 Die Innovationsleistung der Schweizer Industrie

Die Schweizer Industrie liegt zwar in Bezug auf die Innovationsfreudig-keit – gemessen am Anteil innovierender Firmen – innerhalb Europas weit über dem Durchschnitt direkt hinter Deutschland auf dem Platz 2. (vgl. Tabelle 1)

Tabelle 1:   Anteil der Industrie-Firmen mit Innovationen in % (Basis: gesamte Industrie)

DE	CH	IRL	DK	A	S	ø	FIN	GB	NL	I	F
73	67	61	58	57	54	53	49	44	42	37	36

Quellen[29]:   Eurostat; Bezugsperiode Schweiz: 2003–2005; Bezugsperiode restliche europäische Länder: 2002–2004

---

[28]   Vgl. Stern / Jaberg, S. 7

[29]   Vgl. Arvanitis / Hollenstein / Kubli / Sydow / Wörter 2007, S. 155

Auch tätigen ihre innovierenden Firmen in Relation zum Umsatz nach Schweden und Frankreich europaweit überdurchschnittlich hohe Innovationsausgaben (vgl. Tabelle 2).

Tabelle 2:   Innovationsausgaben in % des Umsatzes (Basis: innovierende Industrie)

S	F	CH	D	ø	I	NL	IRL	DK, A, FIN, GB
5,8	4,3	**4,2**	4,2	**3,9**	3,3	3,1	2,1	nicht erfasst

Quellen[30]:   Eurostat; Bezugsperiode Schweiz: 2003–2005; Bezugsperiode restliche europäische Länder: 2002–2004

Was die Schaffung von neuem „geistigen Eigentum" anbelangt, gehört die Schweiz ebenfalls zur Spitzengruppe. Wenn nur die Anzahl der beim Europäischen Patentamt gemeldeten Patente pro Einwohner berücksichtigt wird, findet sie sich gar weltweit unangefochten auf dem 1. Platz.[31]

Weder der Innovatoren-Anteil und der Innovationsinput[32] – wie z. B. die Höhe der F&E- bzw. der gesamten Innovationsausgaben – noch Output-orientierte Indikatoren[33] – wie z. B. die Anzahl Patentanmeldungen – sind jedoch aussagekräftig für den wirtschaftlichen Erfolg der Innovationstätigkeit. Entscheidend ist letztlich der aus dem Innovieren heraus resultierende Markterfolg. Innovation entsteht ja erst, wenn die entsprechende Erfindung einen Markt findet, ansonsten bleibt die Erfindung eine reine Invention.[34]

Was die marktergebnisorientierte Innovationsleistung – gemessen am Umsatzanteil von Marktneuheiten – anbelangt, liegt die innovierende

---

[30]   Vgl. Arvanitis / Hollenstein / Marmet 2005, S. 60

[31]   Pastor / Cardinet / Lévy / Mojon 2006, S. 5

[32]   Zur Begriffsdefinition vgl. Arvanitis / Bezzola / Donzé / Hollenstein / Marmet 2001, S. 21–23

[33]   Zur Begriffsdefinition vgl. Arvanitis / Bezzola / Donzé / Hollenstein / Marmet 2001, S. 21–23

[34]   Vgl. König / Völker 2003, S. 4 sowie König 2005, S. 5

Schweizer Industrie zwar immer noch über dem europäischen Durchschnitt; allerdings mit deutlichem Abstand zu den Spitzenreitern Finnland und Schweden (vgl. Tabelle 3).

Tabelle 3:   Umsatzanteil von Marktneuheiten in % (Basis: innovierende Industrie)

FIN	S	CH	D	ø	DK	F	GB	I	IRL	A	NL
16,8	14,6	**11,5**	10,9	**10,8**	10,4	10,2	10,2	9,3	9,3	8,5	8,0

Quellen[35]:   Eurostat; Bezugsperiode Schweiz: 2003–2005; Bezugsperiode restliche europäische Länder: 2002–2004

Die Schweizer Industrie hat in Bezug auf die Marktergebnisorientierung ihrer Innovationsanstrengungen also einen Aufhol- bzw. Optimierungsbedarf.

Die differenzierte Betrachtung der verschiedenen Innovationsindikatoren rückt somit das viel zitierte Bild der Schweizer Industrie als absoluter Spitzenreiter in Sachen Innovation und Wettbewerbsfähigkeit in ein etwas anderes Licht. Obwohl der Technologie- und Ausbildungsstandort Schweiz international einen hervorragenden Ruf besitzt, sind Defizite im Bereich der Innovationskraft und insbesondere im „auf den Markt bringen" von neuartigen Produkten festzustellen.

4 Die Marktorientierung im Innovationsverhalten der produzierenden KMU der deutschen Schweiz

4.1 Probleme

Der Optimierungsbedarf an Marktorientierung im Innovationsverhalten macht vor den kleinen und mittleren Industriebetrieben nicht Halt.

---

[35] Vgl. Arvanitis / Hollenstein / Marmet 2005, S. 60

Gemäss einer Studie von innoBE – der zentralen Wissens- und Technologietransferstelle des Kantons Bern –[36] sind 64 % der technologisch orientierten, produzierenden KMU[37] des Kantons Bern am Markt nicht erfolgreich. Zu ihnen werden die „Konservativen Innovatoren" mit unterdurchschnittlichem Innovationsaufwand[38] und -erfolg[39] sowie die „Erfolglosen Innovatoren" mit relativ hohem Innovationsaufwand aber unterdurchschnittlichem Innovationserfolg gerechnet.

Lediglich 36 % der untersuchten Unternehmen[40] können mit ihren Innovationen relativ hohe Markterfolge verbuchen. Sie unterteilen sich in die „Power Innovatoren", die den überdurchschnittlich hohen Innovationserfolg auch einem entsprechend hohen Innovationsaufwand verdanken, und in die „Effizienten Innovatoren", die hohe Innovationserfolge bei unterdurchschnittlichem Innovationsaufwand verbuchen können. Diese „Effizienten Innovatoren", die über eine sehr hohe Innovationseffizienz verfügen, machen nur 11 % der Unternehmen aus (vgl. Abbildung 2).

Die Marktorientierung ist – wie weiter oben dargelegt – eine unternehmerische Denkhaltung, bei der alle Unternehmensaktivitäten – also auch das Innovieren – auf die Märkte ausgerichtet sind. Als Ausgangspunkt des marktorientierten Innovationsmanagement wird somit nicht der Forschungs- und Entwicklungsprozess bzw. die Invention gesehen, sondern vielmehr die Probleme, Wünsche und Bedürfnisse der potentiellen Kunden. Sie alleine bestimmen über die Ressourcenfreigabe und -allokation für Forschung und Entwicklung. Diese Vorgehensweise erscheint notwendig, weil ansonsten Inventionen realisiert werden, die nicht an den Marktbedürfnissen gespiegelt sind und Marketing und Vertrieb nachträglich vor oft unlösbare Probleme stellen.[41]

---

[36] Vgl. innoBE 2004, S. 6

[37] 6 % der in der Stichprobe enthaltenen Unternehmen haben mehr als 249 Mitarbeitende; sind also grosse Unternehmen. Vgl. innoBE 2004, S. 3

[38] Der Innovationsaufwand wurde am Anteil des F&E-Budgets am Gesamtumsatz gemessen.

[39] Als Grösse zur Berechnung des Innovationserfolges wurde der Umsatzanteil mit in den letzten fünf Jahren neu eingeführten Produkten verwendet.

[40] Aus der Studie ist nicht ersichtlich, ob bzw. wie viele Grossunternehmen darin enthalten sind.

[41] Vgl. dazu die Ausführungen des Kapitels 2 sowie König / Völker 2003, S. 8

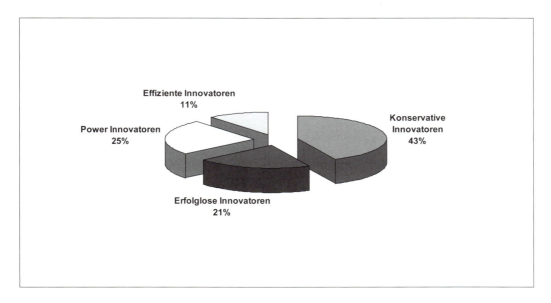

Quelle: Vgl. innoBE 2004, S. 6

Abb. 2:   Produzierende KMU des Kantons Bern nach ihrem Innovations-
               aufwand und Innovationserfolg

Fehlende Absatzmarktorientierung bzw. unzureichende Marketing-
Kompetenz ist aus der Sicht der von uns untersuchten KMU in der Tat
der Hauptgrund für das Scheitern von Innovationsvorhaben. So
scheinen die KMU ihre relevanten Märkte tendenziell nicht so gut zu
kennen, wie es notwendig wäre. Neue Produkte werden offensichtlich
nicht selten in Unkenntnis der Marktbedürfnisse rein intuitiv entwickelt.
Marketing wird damit auf eine reine Vermarktungsaufgabe reduziert.[42]
(vgl. Tabelle 4)

Den KMU scheint somit die zentrale Bedeutung eines professionellen
Marketing für ein erfolgsorientiertes Innovationsmanagement mehr-
heitlich nicht bewusst zu sein. Vielmehr stehen für sie technische
Fach- und Methodenkompetenzen im Vordergrund.[43] (vgl. Tabellen 5
und 6)

---

[42] Vgl. Jung / Dönnges 2006 / 1, S. 43 f.

[43] Vgl. Jung / Dönnges 2006 / 1, S. 36 f.

Tabelle 4:   Gründe produzierender Schweizer KMU für den Misserfolg einer
im Markt eingeführten Produktinnovation in % der Fälle

Falsche Einschätzung des Marktpotentials	51,2
Produkt war zu teuer	41,9
Produkt war nicht ausgereift	39,5
Kunden hatten kein Bedürfnis nach dem Produkt	30,2
Zu kleiner Markt / zu wenig Kunden	23,3
Schlechte Vermarktung	16,3
Produkt konnte zu viel	14,0
Zu starker Wettbewerb	14,0
Produkt war zu schwer verständlich / zu komplex	11,6
Wettbewerb war schneller	11,6
Wenig motivierte / schlecht ausgebildete Mitarbeitende	11,6
Andere interne Probleme	11,6
Produkt war nicht neuartig genug	9,3
Interne Kommunikationsprobleme	7,0
Zu wenig finanzielle Mittel	4,7
Andere Gründe	20,9

Quelle: Jung / Dönnges 2006 / 1, S. 43

Tabelle 5:   Durchschnittliche Anzahl unterschiedlicher Kategorien von
internen Mitarbeitenden, die in produzierenden Schweizer KMU
in Innovationsprojekte involviert wurden

Geschäftsleitung	1,46
Leitende Angestellte	1,44
Technische Mitarbeitende	1,21
Ingenieure	0,98
andere	0,86
Marketing-Fachleute	0,67
Betriebswirtschaftliche Mitarbeitende	0,26

Quelle: Jung / Dönnges 2006 / 1, S. 37

Tabelle 6:   Externe Berater, die in den Innovationsprozess von produzierenden Schweizer KMU eingebunden wurden, in % der Fälle

Andere externe Experten (Wissenschaftler)	53,4
Externe technische Berater	50,0
Externe Unternehmens- / Marketingberater	22,4

Quelle: Jung / Dönnges 2006 / 1, S. 36

4.2 Lösungsansätze

Damit der gesamte Innovationsprozess – von der Ideengewinnung bis zur Markteinführung – auch konsequent marktorientiert erfolgen kann, müssen bestimmte Voraussetzungen geschaffen werden.

Zum einen ist ein Führungskonzept erforderlich, das auf den Markt ausgerichtet ist.[44] Es muss im gesamten Unternehmen eine marktorientierte Denkhaltung etabliert werden, sodass sich die innovationsmanagementspezifische Zusammenarbeit über die einzelnen Funktionsbereiche des Unternehmens hinweg an den Erfordernissen des Marktes orientiert. Jeder in den Innovationsprozess Involvierte sollte die Marktorientierung im Herzen tragen. Gerade in einem KMU, das in der Regel wenig arbeitsteilig organisiert ist und dessen Probleme einander überlappen bzw. miteinander vernetzt sind, kann das Innovationsmanagement kaum funktional bzw. als Aufgabe eines Innovationsmanagers implementiert werden, der in allen Unternehmensbereichen als Innovationsmanagement-Spezialist auftritt. Vielmehr sind alle Mitarbeitenden gefordert, in Gesamtzusammenhängen zu denken, um situativ auf die entsprechenden Prozesse, die Innovationen konstituieren, adäquat reagieren zu können. Es wird integratives Wissen auf breiter Basis benötigt. Marktorientiertes Innovationsmanagement muss in einem KMU folglich eine verhaltensorientierte Querschnittsfunktion einnehmen.[45]

Eine weitere wesentliche Voraussetzung für ein marktorientiertes Innovationsmanagement ist eine systematische Vorgehensweise.

---

[44] Vgl. dazu die Abbildung 1 im Kapitel 2.3

[45] Vgl. König / Völker 2003, S. 6 ff.

Damit Erfindungen effektiv und effizient am Markt durchgesetzt werden können und damit zu Markterfolgen werden, bedarf es einer systematischen Planung, Steuerung, Realisation und Kontrolle des gesamten Innovationsmanagementprozesses.[46] Genau hier liegt aber eine weitere Schwäche, mit denen die KMU zu kämpfen haben. Ihre Vorgehensweise ist oft unsystematisch.[47]

Verkannt wird insbesondere die Bedeutung der strategischen Planung für den Markterfolg von Innovationen. Nicht einmal 30 % der von uns befragten Schweizer KMU wenden strategische Planungskonzepte an.[48] Ein strategisches Planungssystem aber bildet den Rahmen, an dem sich ein marktorientiertes Innovationsmanagement orientiert.[49]

Auch scheint den KMU die Bedeutung einer klaren Innovations-strategie bzw. die Notwendigkeit einer gezielten Planung und Steuerung des Innovationsprozesses im Rahmen einer verabschiedeten strategischen Ausrichtung für ein erfolgreiches Innovieren zu wenig bewusst zu sein.[50] (vgl. Abbildung 3)

Schliesslich basiert ein erfolgreiches marktorientiertes Unternehmen auf dem frühzeitigen Erkennen von veränderten Markt- und Konkurrenzbedingungen, um möglichst schnell auf die Veränderungen der immer komplexer und dynamischer werdenden Märkte reagieren zu können. Eine systematische Sammlung und Aufbereitung von internen und externen Informationen bildet hierzu die nötige Basis.[51]

Die Etablierung eines marktorientierten Innovationsmanagements stellt für KMU somit eine grosse Herausforderung dar. Da sich Unternehmer und Führungskräfte in KMU meist aus technischen, ingenieur- und naturwissenschaftlichen Bereichen rekrutieren, ist das Management in der Regel mit betriebswirtschaftlichen Fragestellungen wenig vertraut. Marketingkompetenz und Methodenwissen, die nötig sind,

---

[46] Vgl. dazu die Ausführungen des Kapitels 2.3

[47] Vgl. innoBE 2004, S. 2 und König / Völker 2003, S. 12

[48] Vgl. Jung / Dönnges 2006 / 1, S 34 f.

[49] Vgl. Hass 1997, S. 64

[50] Vgl. innoBE 2004, S. 22 und 27

[51] Vgl. Hass 1997, S. 44

um Innovationen schnell und effizient zu entwickeln, sind – wenn überhaupt – nur rudimentär vorhanden. Damit ein marktorientiertes Innovationsmanagement umgesetzt werden kann, muss vorher also das Defizit an erforderlichen Fach- und Methoden-Kompetenzen abgebaut werden.[52]

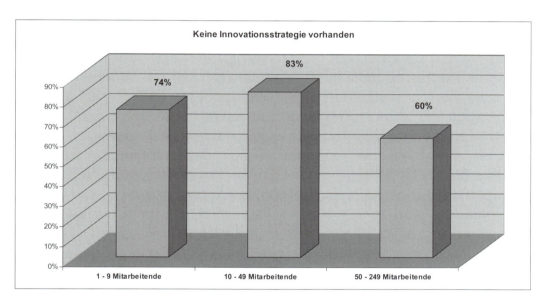

Quelle: Vgl. innoBE 2004, S. 8

Abb. 3:   Produzierende KMU des Kantons Berns ohne Innovations-
                 strategie nach der Anzahl Mitarbeitenden

5   Ausblick: Der Innovationsnavigator NOAH

Dauerhafter Innovationserfolg lässt sich nur durch ein strukturiertes, marktorientiertes Innovationsmanagement erreichen. Die geschilderten Probleme der KMU in ihrem Innovationsverhalten sowie die andiskutierten Lösungsansätze machen deutlich, dass die KMU gefordert sind, nicht nur organisatorische Mängel zu beheben, sondern insbesondere die Führungskräfte für ein innovationsorientiertes und unter-

---

[52]   Vgl. dazu die Ausführungen des Kapitels 4 sowie König / Völker 2003, S. 10 ff.

nehmerisches Denken und Handeln zu sensibilisieren und die Qualifizierung aller involvierten Mitarbeitenden hinsichtlich Methodenwissen und Marketingkompetenz zu optimieren. Damit sind Aufgaben verbunden, die nur über entsprechende Aus- und Weiterbildungsmassnahmen angegangen werden können. Das Schliessen der „Knowhow- und Managementlücke" in KMU ist jedoch eine Herausforderung, die auf konventionellem Wege nur mittelfristig bewältigt werden kann.

Damit den Innovationsproblemen der KMU bereits kurzfristig und aktiv begegnet werden kann, hat das Institut für Management & Innovation (IMI) der Fernfachhochschule Schweiz (FFHS)[53] in Zusammenarbeit mit dem Zentrum für Marketing Management (ZMM) der Zürcher Hochschule Winterthur (ZHW) im Sinne einer Hilfe zur Selbsthilfe die Entwicklung des sog. „Innovationsnavigators NOAH" gestartet. NOAH wird ein pragmatisches Innovationsmanagementplanungstool sein, das aus einem Handbuch, einer CD mit programmierten Innovationsmanagement-Arbeitshilfen im Dialogverfahren sowie einem Workshopleitfaden besteht. Die KMU sollen Dank NOAH in die Lage versetzt werden, eigenständig bzw. ohne Einbezug eines externen Unternehmensberaters jene Fähigkeiten und Ordnungsstrukturen zu entwickeln, die für ein effektives und effizientes marktorientiertes Innovationsmanagement erforderlich sind.

Literaturverzeichnis

Albers, Sönke / Gassmann, Oliver: Technologie- und Innovationsmanagement. In: Handbuch Technologie- und Innovationsmanagement. Strategie – Umsetzung – Controlling. Wiesbaden 2005, S. 3–21

Allied Consultants Europe (ACE): Auf der Suche nach Innovations-Spitzenleistungen. Schlüsselfaktoren für den Erfolg. Europäischer Innovationsbericht 2005

Arvanitis, Spyros / Bezzola, Monica / Donzé, Laurent / Hollenstein, Heinz / Marmet, David: Innovationsaktivitäten in der Schweizer Wirtschaft. Eine Analyse der Ergebnisse der Innovationserhebung

---

[53] Siehe http://www.fernfachhochschule.ch/ffhs/abteilungen/imi/

1999. Studie im Auftrag des Staatssekretariats für Wirtschaft. Strukturberichterstattung Nr. 5 im Rahmen der Studienreihe des Staatssekretariats für Wirtschaft – Leistungsbereich „Wirtschaftspolitische Grundlagen". Bern 2001

Arvanitis, Spyros / Hollenstein, Heinz / Marmet, David: Internationale Wettbewerbsfähigkeit: Wo steht der Standort Schweiz? Eine Analyse auf sektoraler Ebene. Herausgeber: Konjunkturforschungsstelle (KOF) der ETH Zürich. Zürich 2005

Gassmann, Oliver / Reepmeyer, Gerrit: Wertorientiertes Innovationsmanagement. Konferenzpapier anlässlich der Veranstaltung „Innovation" der PRISMA Holding AG. Competence Center Rheintal. 07.10.2003

Hass, Dirk: Das Marketing und die Marktorientierung mittelständischer Unternehmen. Probleme und Lösungsansätze. Hamburg 1997

Helm, Roland: Planung und Vermarktung von Innovationen. Die Präferenz von Konsumenten für verschiedene Innovationsumfänge unter Berücksichtigung des optimalen Simulationsniveaus und marktbezogener Einflussfaktoren. Stuttgart 2001

Hotz-Hart, Beat / Dümmler, Patrick / Good, Barbara / Grunt, Manfred / Reuter-Hofer, Andreas / Schmuki, Daniel: Exzellent anders! Die Schweiz als Innovationshost. Zürich / Chur 2006

innoBE: Innovationsstudie 2004. Innovationen bei KMU im Kanton Bern. Ergebnisse der Onlinebefragung. Bern 2004

Jung, Adalbert / Dönnges, Godela: Wie geschieht Innovation in Schweizer KMU? Forschungsbericht des Teilprojektes ADAM I des Instituts für Management & Innovation (IMI) der Fernfachhochschule Schweiz und des Instituts für Marketingmanagement der Zürcher Hochschule Winterthur. Regensdorf / Winterthur 2006

Jung, Adalbert / Dönnges, Godela: Vom schöpferischen Prozess zum marktfähigen Produkt. In: Innovation Management. Nr. 1 / 2006. S. 16–19

KMU-Portal: KMU-Portal der schweizerischen Eidgenossenschaft. URL: http://www.kmu.admin.ch/kmu/index.html. 20. November 2006

König, Manfred / Völker, Rainer: Forschungsbericht zum Forschungsprojekt „Verbesserung der Innovationsfähigkeit kleiner und mittlerer

Unternehmen (KMU) in Rheinland Pfalz". Arbeitsbericht Nr. 9 / 2001 des Kompetenzzentrums Innovation und Marktorientierte Unternehmensführung. Ludwigshafen 2001

König, Manfred / Völker, Rainer: Typische Problemfelder des Innovationsmanagement bei KMU. Arbeitsbericht Nr. 1 / 2002 des Kompetenzzentrums Innovation und Marktorientierte Unternehmensführung. Ludwigshafen 2002

König, Manfred / Völker, Rainer: Innovationsmanagement im gesellschaftlichen, wirtschaftlichen und betrieblichen Kontext und unter besonderer Berücksichtigung kleiner und mittelständischer Unternehmen (KMU). Arbeitsbericht Nr. 12 / 2003 des Kompetenzzentrums Innovation und Marktorientierte Unternehmensführung. Ludwigshafen 2003

König, Manfred: Verbesserung der Innovationseffizienz im Mittelstand. Ein Beitrag des Kompetenzzentrums Innovation und marktorientierte Unternehmensführung der Fachhochschule Ludwigshafen anlässlich der „Beratertagung 2005" vom 15. Juli 2005 in Bad Dürkheim

Little, Arthur D.: Management von Innovation und Wachstum. Wiesbaden 1997

Meffert, Heribert: Marketing. Grundlagen marktorientierter Unternehmensführung. Konzepte – Instrumente – Praxisbeispiele. Wiesbaden 2005

Narver, John C. / Slater, Stanley F.: The Effect of Market Orientation on Business Profitability. In: Journal of Marketing. Vol. 54. No. 10. 1990. S. 20–35

von der Oelsnitz, Dietrich: Marktorientierung: Elemente und Implikation eines schillernden Begriffes. In: Der Markt. Herausgeber: Österreichische Gesellschaft für Absatzwirtschaft. Nr. 153 / 2000. S. 73–83

Pastor Cardinet, Elisabeth / Lévy, May / Mojon, Jacqueline: Das Innovationssystem der Schweiz im internationalen Vergleich. Eine Auswahl von Indikatoren aus dem Europäischen Innovationsanzeiger 2005. Herausgeber: Bundesamt für Statistik. Neuchâtel 2006

Raffée, Hans / Fritz, Wolfgang: Die Unternehmensidentität als Erfolgsfaktor in der Investitionsgüterindustrie. In: Marktleistung und

Wettbewerb. Festschrift für W.H. Engelhardt. Herausgeber: K. Backhaus et al. Wiesbaden 1997. S. 293–307

Schwyn, Pascale: Wie innovativ ist die Schweiz? Semesterarbeit am Sozialökonomischen Institut der Universität Zürich. Zürich 2004

Stern, Thomas / Jaberg, Helmut: Erfolgreiches Innovationsmanagement. Erfolgsfaktoren – Grundmuster – Fallbeispiele. Wiesbaden 2005

Vahs, Dietmar / Burmester, Ralf: Innovationsmanagement. Von der Produktidee zur erfolgreichen Vermarktung. Stuttgart 2005

Abbildungsverzeichnis

Tabellenverzeichnis

Barrieren, Bremsen und Zeittreiber betrieblicher Innovationen

Manfred König

 **Dr. rer. pol. Manfred König** ist seit 1994 Professor für Betriebswirtschaftslehre, insbesondere Marketing und Unternehmensführung, an der Hochschule für Wirtschaft in Ludwigshafen. Nach Studium der Wirtschaftswissenschaften, Politikwissenschaft und Wirtschaftspädagogik in Pforzheim, Mannheim und Mainz war er als leitende Führungskraft in Marketing und Vertrieb sowie International Services bei Mercedes-Benz und Daimler-Benz InterServices (debis) in Stuttgart und Madrid tätig. Er leitet zusammen mit Prof. Dr. Völker das Kompetenzzentrum Innovation und Marktorientierte Unternehmensführung. Schwerpunkte seiner Lehr- und Forschungsgebiete sind Strategisches Marketing, Industriegütermarketing, Innovationsmanagement im Mittelstand.

Inhaltsverzeichnis

1 Einleitung

Das Ziel der Innovation besteht in der Entwicklung neuer Produkte, Dienstleistungen und Geschäftsmöglichkeiten, um das Unternehmen wettbewerbsfähig und profitabel zu machen. Das bedingt die Marktfähigkeit von Neuheiten, erst dadurch wird eine blosse Erfindung zur Innovation – sie muss Marktakzeptanz finden und den Renditeerwartungen des Unternehmens entsprechen. Flops, Verlustbringer oder mittelmässig erfolgreiche Neuheiten erfüllen die Anforderungen einer Innovation nicht! Wie aber lassen sich Misserfolge verhindern und wie können Innovationen erfolgreich am Markt platziert werden? Gleich vorweg – eine Garantie dafür gibt es nicht! Gleichwohl stehen Ansätze und Methoden zur Verfügung, mit denen die Innovationsrisiken minimiert und die Innovationseffizienz erhöht werden können. Im Grunde geht es um das systematische Identifizieren von marktrelevanten werthaltigen Ideen, das Qualifizieren und Priorisieren von Entwicklungsprojekten, die Sicherstellung eines kontinuierlichen Flusses in der Entwicklungspipeline, den erfolgreichen Launch der neuen Produkte in den Zielmärkten und die Bereitstellung der hierfür erforderlichen Ressourcen unter Chancen- und Risikogesichtspunkten.

2 Das Fehlen strategischer Leitplanken

Individuelle Kundenanforderungen, anstehende Produkteplanung, spontane Ideen von Entwicklungsleitern und Firmenleitern oder der Blick in die leere Entwicklungspipeline sind häufig Anlässe für den Anstoss von Innovationsprojekten. Weniger häufig basieren sie auf langfristigen Überlegungen. Eine nachvollziehbare Strategie des Zusammenhangs zwischen Innovationsziel, Umfeld und Mitteleinsatz existiert bei KMU selten. Das erstaunt, sollen doch Innovationen zum Erfolg der Unternehmensentwicklung beitragen. Abzuwarten, bis Inventionen zu Innovationen geworden sind, um dann ihren Beitrag zu Unternehmensentwicklung zu beurteilen, ist höchst risikoreich. Es macht Sinn, im Vorfeld von Innovationsentscheidungen zu definieren, in welchen Bereichen innoviert und welche Art von Innovationen angestrebt werden soll, welchen Beitrag sie zur Unternehmensentwicklung leisten und welche Mittel dafür bereitgestellt werden sollen. Fehlt das strategische Konzept, dann erweist sich dies gerade bei KMU als ein Stolperstein für das Innovationshandeln, weil meist aus der Situation heraus agiert wird. Es dürfte mittlerweile auch von KMU erkannt worden sein, dass eine Innovationsstrategie nicht „theoretisches Brimborium" – so ein Firmenleiter –, sondern in Zeiten höchster Wettbewerbsdynamik zu einer unternehmerischen Daueraufgabe geworden ist. Insofern sind KMU gut beraten, ihre Innovationsziele strategisch zu definieren und Leitlinien für ein abgestimmtes Handeln aller Beteiligten zur Erreichung dieser Ziele zu beschreiben. Die Innovationsstrategie sollte u.a. die Fragen nach den Abnehmerschwerpunkten, der Positionierung und dem zukünftigen Leistungsprogramm beantworten und Auskunft über alle Handlungsfelder und strategischen Initiativen für die Entwicklung von Produkten und Kompetenzen, Ressourcenverteilung, Investitionen und Desinvestitionen in Technologien geben. Vor allem sollte sie zum Ausdruck bringen, was nicht getan werden darf – ein nicht ganz unwichtiger Aspekt im Hinblick auf die nicht immer marktbezogene Eigendynamik von F&E.

3 Intuitive versus geplante Steuerung des Innovationsprozesses

Barrieren, Bremsen und Zeittreiber stehen unmittelbar im Zusammenhang mit der intuitiven Steuerung von Innovationsprozessen. In diesem Fall sind weder der Innovationsprozess als Ganzes noch seine Teilprozesse, weder Meilensteine noch Abbruchkriterien und auch keine Steuerungsgrössen definiert. Projektlaufzeit, Projekt- und Folgekosten sowie Time-to-Market lassen sich aber gerade durch solche Parameter beeinflussen. Eindeutigkeit des Ablaufs hilft, Friktionen zwischen Marketing & F&E, zwischen Lasten- und Pflichtenheft zu vermeiden und klärt per se, was nun z.B. zur Vorentwicklung gehört oder nicht. Der Blick auf die in der Praxis bewährten Gate-Modelle hilft. Gate-Modelle strukturieren den Innovationsprozess in Aktivitäten und Entscheidungspunkte, die Tore darstellen. Das jeweilige Tor zur nächsten Prozessphase öffnet sich erst dann, wenn die Aktivitäten und Ergebnisse in der aktuellen Prozessphase den zeitlich und inhaltlich definierten Anforderungen genügen (Leistungsvereinbarungen zwischen „Auftraggeber" und „Auftragnehmer").

Die Anforderungen ergeben sich konsequent aus den Marktanforderungen, die in technische Spezifikationen überführt werden. Die Übereinstimmung von Marktanforderungen und Entwicklungsergebnissen wird von Prozessschritt zu Prozessschritt überprüft. Je nach Übereinstimmung wird der Prozess weitergeführt oder abgebrochen. Diese Vorgehensweise zwingt zur Marktsicht und Verfolgung des Kundennutzens unter Berücksichtigung komparativer Wettbewerbsvorteile. In jeder Prozessphase spielen Elemente wie Business Case, Produkt/ Marktstrategie, Marktanalysen, Produktkonzepttest, Produktargumentation, Marktspezifikation, Marketingkonzept eine zentrale Rolle. Der Innovationsprozess verlagert sich von der Technologiesicht hin zur Markt- und Verwertungssicht und zwingt alle Beteiligten zu Zeit-, Kosten- und Ergebnisdisziplin. Als ein Stolperstein kann sich die notwendige Marketingkompetenz erweisen, die in methodischer und personeller Hinsicht bei KMU noch ausbaufähig ist. Defizite werden besonders bei der Erstellung von Business Cases, der Erhebung von Kunden- und Marktanforderungen, bei Wettbewerber- und Positionierungsanalysen erkennbar. Bisher sind KMU mit diesem Ansatz noch wenig vertraut, für die Verbesserung ihrer Innovationseffizienz erscheint er jedoch unverzichtbar.

4   Ideengenerierung und Ideenbewertung

Innovationshemmnisse zeigen sich auch beim Generieren von Ideen. Im Regelfall werden sie gesammelt und produziert, wenn sie gerade gebraucht werden. Ideenproduktion auf Kommando funktioniert jedoch in den meisten Fällen nur unzureichend, was dabei herauskommt sind meist Ideen im inkrementellen Bereich, die nur kurzfristige Perspektiven eröffnen. Echte Neuheiten lassen sich bei diesem Vorgehen nur mit speziellen Methoden und viel Aufwand entwickeln. Ideen brauchen Zeit zur Entfaltung. Meist entstehen sie spontan und nicht in der betrieblichen Umgebung. Es liegt auf der Hand, Voraussetzungen zu schaffen, die einen situationsunabhängigen und permanenten Ideeninput begünstigen. Eine einfache Datenbank als Ideenplattform, welche den Ideeninput und die Ideendiskussion ermöglicht, bietet hierzu die Voraussetzung. Das Potential für ein systematisches Ideenmanagement, welches u.a. Kunden, Lieferanten, Beschwerde-systeme, Wettbewerberprodukte einbezieht, ist noch lange nicht aus-geschöpft und bietet vielfältige Möglichkeiten für die Verbesserung der Innovationseffizienz. Dies gilt vor allem mit Blick auf die Gefahr, ent-weder Erfolg versprechende Ideen zu früh zu verwerfen oder aber fruchtlose Ideen in die Serienentwicklung und Markteinführung eintre-ten zu lassen. Will man diese Risiken minimieren, dann braucht es hierzu ein valides und reliables Bewertungssystem für das Grob- und Fein-Screening. Es verwundert nicht, wenn man einen Blick auf Bewertungssysteme in der Praxis wirft, dass Ideen durch alle Phasen des Innovationsprozesses durchgepuscht werden und sich dann als Marktflops erweisen.

Bei der Bewertung von Ideen ist darauf zu achten, dass nur solche in die nächste Phase des Innovationsprozesses gelangen, die den defi-nierten Anforderungen genügen. Diese sollten jedoch noch nicht als Vorentwicklungs- oder Entwicklungsprojekte definiert werden, sondern erst die Möglichkeit ihrer nachhaltigen Markttauglichkeit und Verwert-barkeit beweisen. Der Nachweis ist für jede Idee im Rahmen eines Businessplans zu erbringen. Erst jetzt ist darüber zu entscheiden, welche Mittel welchem Projekt zufliessen.

5 Innovationshandeln als Unternehmens-prinzip

Das Schaffen von neuen Produkten, Dienstleistungen und Geschäftsmodellen ist eine permanente Aufgabe, die im Unternehmen organisatorisch und in den Köpfen aller Mitarbeiter fest verankert werden muss – eigentlich eine substantielle Aufgabe. Schauen wir uns aber in den Unternehmen um, dann scheint es häufig so, als seien Innovationen das Privileg allein von Entwicklern, Marketingfachleuten oder der Firmenchefs. Der Rest der Mitarbeiter zeigt sich irgendwie abgehängt und am Innovationsgeschehen nicht oder nur dann betei-ligt, wenn der Innovationsprozess ihr Mitwirken von Fall zu Fall erfordert. Das im Unternehmen vorhandene Kreativpotential bleibt weitgehend ungenutzt. Dabei wäre es relativ einfach, dieses Potential für das Unternehmen zu erschliessen. Hierzu wäre es aber zunächst einmal erforderlich, das Thema Innovation in den Unternehmen mit derselben Intensität zu vertreten, wie dies mit Kundenorientierung und Kostendenken in der letzten Dekade geschehen ist. Bisher beschränken sich Massnahmen zur Verbesserung der Innovationseffizienz meist auf Methoden und Organisationsprobleme. Dabei wird vergessen, dass ohne die Innovationsbereitschaft und -fähigkeit der Mitarbeiter die besten Methoden und organisatorischen Lösungen nichts taugen. Schulungsmassnahmen sind ebenso gefordert wie Führungsinstrumente, welche das Innovationsklima fördern. Es wird eine der zukünftig wichtigen Aufgaben sein, die Innovationsbereitschaft und die Innovationsfähigkeit der Mitarbeiter zu fördern. Hierzu müssen sich manche Denkmuster in den Unternehmen und erst recht in KMUs ändern.

Die Ausprägung des Innovations-managements in Schweizer MU

Eine empirische Untersuchung im Rahmen des Forschungs- und Entwicklungsprojektes ADAM I und EVA KTI

Adalbert Jung und Godela Dönnges

Adalbert Jung, lic. oec., ist Projekt-leiter des Forschungs- und Entwick-lungsprojekts „ADAM I und EVA KTI". Er verfügt über langjährige Berufs-erfahrung in Führungsfunktionen und hat bereits zahlreiche Dienstleis-tungsprojekte und Beratungstätigkei-ten im Bereich Marketing durchge-führt. Seit 2000 ist der Ökonom an der Fernfachhochschule Schweiz als Kernbereichsleiter und Dozent für marktorientierte Unternehmensführung tätig. Überdies fungiert er ebenso als Projektleiter im Forschungsbereich Innovationsmanagement des Instituts Management & Innovation (IMI) an der Fernfachhochschule Schweiz.

Godela Dönnges, M. A., ist seit 2005 wissenschaftliche Mitarbeiterin an der Fernfachhochschule Schweiz und ist im Bereich der angewandten For-schung und Entwicklung tätig. Sie arbeitet überdies als Koordinatorin im Forschungs- und Entwicklungsprojekt „ADAM I und EVA KTI".

Inhaltsverzeichnis

1 Innovation und Innovationsstrategie

Nach Beck ist die Voraussetzung für ein anhaltendes Wirtschafts-
wachstum die Fähigkeit eines Wirtschaftssystems, sich laufend zu
verändern.[1] Wir wissen, dass die Veränderungen der menschlichen
Bedürfnisse die eigentlichen Motoren dieser Wirtschaftsdynamik sind.
Beck unterstellt, dass die auf den Bedürfnissen fussende Menge der
„menschlichen Wünsche nach Konsumgütern"[2] unabsehbar gross ist.
Prinzipiell besteht damit ein unendlich grosses Marktpotential für
Konsumgüter. In Marktwirtschaften ist es die Aufgabe der Unter-
nehmen, die Bedürfnislösungen, d.h. Güter, auf den Markt zu bringen.
Beck konzentriert dies in folgender Aussage: „Ein Unternehmer ent-
scheidet, was wie produziert wird, führt Neuerungen ein und trägt die
Risiken für seine Entscheidungen".[3]

Die Veränderung von Bedürfnissen und die Notwendigkeit der Innovation stehen somit in enger Beziehung miteinander, besonders wenn
man noch bedenkt, dass die Unternehmer in Käufermärkten in Ange-
botskonkurrenz stehen. Das resultierende Innovationsverhalten steht
im direkten Zusammenhang mit dem Multiplikatoreffekt der ökonomi-
schen Theorie[4] und wird in dieser Sicht zu einer der zentralen An-
triebskräfte der strukturellen und konjunkturellen Entwicklung.

In mikroökonomischer Betrachtung korreliert die Wettbewerbsfähigkeit
von Unternehmen mit ihren Fähigkeiten, Innovationen zu generieren
und diese erfolgreich umzusetzen. Mit anderen Worten: Unternehmen,
welche dem Stellenwert von Innovationen zu wenig Beachtung schen-
ken, schaffen mittelfristig kein attraktives Angebot und werden Marktanteile verlieren. Was für einen relativ kleinen nationalen Markt gilt,
hat bei zunehmender Globalisierung und weltweiter Marktaktivität
stärkere und radikalere Auswirkungen. Nach Vahs und Burmester ist
es kaum noch möglich, geografische Nischen zu besetzen, sodass in
der Folge nur der Weg nach vorne bleibt. Der unmittelbar resultie-

---

[1] Vgl.: Beck, B.: Volkswirtschaft verstehen. S. 249

[2] Beck, B.: Volkswirtschaft verstehen. S. 5

[3] Beck, B.: Volkswirtschaft verstehen. S. 7

[4] Vgl.: Eisenhut, P.: Aktuelle Volkswirtschaftslehre. S. 107

rende Wettbewerbsdruck zwinge die Unternehmen geradezu zu ausgeprägter Innovationsorientierung.[5] Infolge der weltweit aktiven Konkurrenzsituation werden neue Leistungen von Unternehmen tatsächlich auch immer schneller entwickelt und müssen dann auf einen geplanten, so genannten richtigen Zeitpunkt hin vermarktet werden.

Es ist evident, dass die weltweit steigende Mobilität auch zu einer sehr dynamischen Mobilität im weltweiten Handel geführt hat. Mit der Verbesserung der Transportmöglichkeiten, des Informationstransfers und mit dem Austausch von Kapital und Arbeit ist die Welt eine andere geworden. Selbst eine starke Stellung im eigenen nationalen Markt ist mittelfristig nicht mehr gesichert und kann von weltweit operierenden Anbietern konkurriert werden.

Scheinbar verbleibt im Lichte der Globalisierung nur ein innovationsstrategisches Verhalten der Unternehmen. In seinem Exkurs „Nehmen uns die Billiglohnländer die Arbeitsplätze weg?" erwähnt Eisenhut das Phänomen aus dem Blickwinkel des Arbeitsmarktes: „Soll das traditionell hohe Lohnniveau in der Schweiz bestehen bleiben, muss dem verstärkten Wettbewerbsdruck offen begegnet werden: Mit einer Steigerung der Kompetenzen, der Innovationsfähigkeit und einer Verbesserung der staatlichen Rahmenbedingungen, welche uns ermöglichen, einen Produktionsvorsprung zu halten und immer wieder neu zu erringen"[6].

Die Schweiz hat keine Wahl. Wenn sie ihren hohen Lebensstandard halten und erhöhen will, dann muss sie mit zu den Spitzenindustrieländern gehören, welche durch hohe Innovationsraten ihre weltweite Wettbewerbsfähigkeit erhalten will. Die Schweiz hat noch nicht einmal die Wahl, ob sie im Sinne einer Preis-Mengen-Strategie oder einer Profilierungsstrategie diese Wettbewerbsfähigkeit sichern will. Auf Grund der hohen inländischen Produktions-, Verwaltungs-, Vertriebs- und Sozialkosten verbleibt nur die konsequente Verfolgung einer Qualitätsprofilierungsstrategie. Schweizer Innovationen müssen somit im Kontext der Rahmenbedingungen durch hohe Kreativität, hohe Leistungsqualität von Sachen und Diensten, hohes Wissensniveau der

---

[5] Vgl.: Vahs, D./ Burmester, R.: Innovationsmanagement. S. 9

[6] Eisenhut, P.: Aktuelle Volkswirtschaftslehre. S. 166

Arbeitskräfte, effiziente Leistungserstellungsverfahren, schnellen Marktauftritt, nachhaltigen Unternehmenserfolg und Wohlstands-zuwächse ihre Wettbewerbsfähigkeit sicherstellen.

Innovieren ist für die Schweiz als Leistungszelle ein strategisches Verhalten, welches neue oder auch quasi neue Produkte in bekannte oder auch neue Märkte einbringen oder in neuen Prozessen anwen-den muss. Der Erfolg einer Innovation zeigt sich dann in der Ausprä-gung des Deckungsbeitrags. Innovationen entstehen aber nicht ein-fach so, oder gar zufällig. „Sie resultieren aus einem systematischen Prozess, der erlernbar und steuerbar ist"[7]. Disselkamp verweist in diesem Zusammenhang auf Peter Drucker: „Unternehmen müssen Innovationsquellen und Ideen gezielt aufspüren und gleichzeitig die Prinzipien eines methodischen Innovationsmanagements kennen und umsetzen"[8].

Im Hinblick auf dieses Ansinnen wird die Forderung nach einem effi-zienten Vorgehen in Form eines Innovationsmanagements bedeu-tungsvoll. Innovationsmanagement als systematische marktorientierte Planung, Entscheidung, Anordnung, Durchführung und Kontrolle der Innovationstätigkeit in prozessorientierter Sicht könnte sogar die zentrale Erfolgskomponente des gesamten Handlungsverhaltens von Leistungszellen (ganze Wirtschaften und Unternehmen) darstellen. Innovationsmanagement im weiteren Sinne übernimmt demzufolge eine Schlüsselfunktion und muss alle unternehmerischen Funktionen, wie zum Beispiel Marketing, Forschung und Entwicklung, Rechnungs-wesen, Organisation, Produktion und zuletzt wiederum Marketing, beinhalten. Der Einsatz eines vernetzten Sets von marktorientierten Lösungen wird zu der expliziten Herausforderung des Managements schlechthin, wenn dieses langfristig und auch nachhaltig Wett-bewerbsvorteile in relevanten Märkten erfolgreich sichern will.

Es ist also keine Frage, dass Innovationen stattfinden müssen. Aber, und diese Untersuchung wird Hinweise hierzu vorlegen, es ist wohl keineswegs klar, wie man zielorientiert vorgehen müsste, damit – bei einem geforderten kurzen Time-to-Market – Innovationen nachhaltig

---

[7] Disselkamp, M.: Innovationsmanagement. S. 11

[8] Disselkamp, M.: Innovationsmanagement. S. 11

erfolgreich sein können. Selbst für die Bereiche von Innovationsprozessen, die einer rationalen Durchdringung grundsätzlich zugänglich sind, konnte, jedenfalls bis 1992, kein umfassend abgestimmtes theoretisch fundiertes Instrumentarium zum Innovationsmanagement bereitgestellt werden.[9] 10 Jahre später ist die Menge der Innovationspublikationen schier unübersehbar, die Aussagen sind differenziert, bleiben aber häufig auf akademischem Niveau[10] und dürften damit kaum anwendbares Instrumentarium für die Praxis sein. Diese jedoch benötigt dringend ein handhabbares, auf die Marktorientierung abgestimmtes Innovationsmanagement, damit gerade die mittleren Unternehmen, welche ebenfalls der globalen Vernetzung unterliegen, ihren Innovationsaufgaben effizienter begegnen können.

Welches Instrumentarium für das Innovationsmanagement aber braucht der einzelne Schweizer Mittelbetrieb, wenn er im nationalökonomischen bzw. internationalen Umfeld erfolgreich bleiben will bzw. hier sogar vordere Plätze in einer Rangliste belegen möchte? Die Antwort ist von sehr vielen Faktoren und Variablen abhängig. Ein zu implementierendes marktorientiertes Innovationsmanagement wird womöglich vom Neuigkeitsgrad der Bedürfnislösung mitbestimmt, von der Unsicherheit, die bei einem Markteintritt gegeben sein kann, von der Komplexität und der Erklärungsbedürftigkeit der Lösung selbst, vom Zeitbedarf für Entwicklung und Umsetzung, von der Qualität und der Menge der verfügbaren Human Ressources und nicht zuletzt von der Unternehmens- und Kommunikationskultur.

Es ist bekannt, dass unternehmensinterner Widerstand gegen Innovationen ein weit verbreitetes Phänomen ist,[11] denn Innovationen bedeuten und bewirken aktive dynamische Veränderungen, denen häufig mit einer Neuerungsfeindlichkeit i.w.S. begegnet wird.[12] Insofern darf, bei aller Beachtung einer sachorientierten Analyse und Lösungsbeschreibung, nicht der Aufgabenträger als Mensch vernachlässigt werden.

---

[9]   Vgl.: Thom, N.: Innovationsmanagement. S. 6

[10]   Vgl. div. Aufsätze in: Schwarz, E.J.: Nachhaltiges Innovationsmanagement

[11]   Vgl.: Gelbmann, U./ Vorbach, St./ Zotter, K.: Konzepte für das Innovationsmanagement in Klein- und Mittel-Unternehmen. S. 255

[12]   Vgl.: Schmidt, G.: Methoden und Techniken der Organisation. S. 27

Wir sehen zwei Komponenten, welche den Erfolg von Innovationen bestimmen und die miteinander verwoben sind: erstens der marktorientierte Innovationsprozess in seiner Struktur und mit den darin enthaltenen Techniken und Tools und zweitens die Innovationskommunikation, welche eigentlich unternehmensinternes Innovationsmarketing ist.

Zusammenfassend können also zunächst folgende Postulate festgehalten werden:

- Innovative Lösungen bringen einen hohen gesellschaftlichen Nutzen,

- innovative Produkte bringen den Produktverwendern einen hohen Nutzen,

- innovative Unternehmen sind im Wettbewerb erfolgreich,

- ein hoher Anteil des Umsatzes resultiert aus neuen Marktleistungen,

- innovative Marktleistungen prägen ein positives Unternehmensimage,

- innovative Unternehmen besitzen mehr Wissen.

2 Begriffe, Sichtweisen und Zusammenhänge

Bevor nun zu den Ergebnissen der empirischen Untersuchung übergegangen wird, sollen die wichtigsten Begriffe, die sich aus dieser Diskussion um das Thema Innovationsmanagement und Marktorientierung ableiten lassen, in diesem Zusammenhang geklärt werden:

Innovation

„Innovation sind im Ergebnis qualitativ neuartige Produkte oder Verfahren, die sich gegenüber dem vorangehenden Zustand merklich – wie immer das zu bestimmen ist – unterscheiden. Diese Neuartigkeit muss wahrgenommen werden, muss bewusst werden. Die Neuigkeit besteht darin, dass die Zwecke und Mittel in einer bisher nicht bekannten Form verknüpft werden. Diese Verknüpfung hat sich auf dem Markt oder im betrieblichen Einsatz zu bewähren."[13] Vonlanthen erwähnt in diesem Zusammenhang neben der Produkt- und Verfahrensinnovation auch die planmässigen Verbesserungen im Humanbereich.[14] Es soll hervorgehoben werden, dass Innovationen meist auf Erfindungen basieren und meist das Ergebnis planmässiger Forschung und Entwicklung sind.[15] Rüttimann versteht unter Innovation das „Synonym für das Kreieren von etwas Neuem, seien es Produkte (berührbar), Dienstleistungen (nicht berührbar), Events, Wirkungsprinzipien oder die völlige Neugestaltung von Prozessen und Strukturen"[16].

Innovationen sind also substanzielle oder immaterielle Neuerungen, und zwar aus Sicht desjenigen, der die Innovation bewirkt und/oder desjenigen, der als Nachfrager eine Wirkung der Innovation erfährt. Solche Neuerungen können also angebotsorientiert und/oder nachfrageorientiert verstanden werden. Sie können faktisch funktionale oder lediglich psychologisch funktionale Innovationen darstellen. Der Markt fällt das Urteil über den Erfolg von Innovation.

Innovationsprozess

Wir folgen hier den Aussagen von Rüttimann, der ein Vorgehen dann als prozessual bezeichnet, wenn es bei der Idee beginnt, nach Ablauf des Lebenszyklus beim Rückzug aus dem Markt endet und hierbei auch die unternehmensinternen Regelungen und Führungsmassnahmen berücksichtigt werden.[17] Der Innovationsprozess bezieht sich auf ein gesetztes Ziel und behandelt häufig gleichzeitig Produktinnovation, Prozessinnovation und Sozialinnovation.

---

[13] Hausschild, J.: Innovationsmanagement. S. 7

[14] Vgl. Vonlanthen, J.-M.: Innovationsmanagement in Schweizer Unternehmen. S. 36

[15] Vgl. auch: Vahs, D./ Burmester, R.: Innovationsmanagement. S. 45

[16] Rüttimann, R.: Wie man das Rad erfindet. S. 15

[17] Vgl. dazu: Rüttimann, R. Wie man das Rad erfindet. S. 17

Innovationsarten

In der Literatur werden gemeinhin drei Innovationsarten unterschieden: Produktinnovation, Prozessinnovation und Sozialinnovation.

Nach Vonlanthen verstehen wir unter Produktinnovation ganz global die Erneuerung der absatzfähigen Leistungen von Unternehmen.[18] Der Begriff der Prozessinnovation – bei Vonlanthen als Verfahrensinnovation bezeichnet – zielt auf die Erneuerung der betrieblichen Leistungserstellungsprozesse, während Sozialinnovation die planmässigen Verbesserungen im Humanbereich meint und hier sowohl Qualifikationserhöhungen als auch Verbesserungen im HR-Beziehungsgefüge beschreibt.

Innovationsmanagement

Dieser Begriff umfasst alle dispositiven Massnahmen im Verlauf der Wertschöpfungskette sowie die notwendigen Supportaufgaben, die darauf ausgerichtet sind, eine Innovation zu planen, zu kreieren, erfolgreich im Markt zu etablieren, dort zu erhalten und letztlich, falls obsolet, aus dem Angebot zu nehmen. Innovationsmanagement ist demnach die dispositive Gestaltung von Innovationsprozessen sowie die Gestaltung der Institution, in denen diese Prozesse ablaufen.[19]

Innovator

Gemeint ist der Initiator der Innovation, allenfalls der dispositive Koordinator des Innovationsprozesses. Nach Rüttimann ist dies eine stark unternehmerisch denkende Person in einer Organisation, die eine Idee innerhalb eines gegebenen Spielraumes zum Wohl der Organisation zielgerichtet verfolgt und umsetzt.[20]

Marktorientierung

Die Marktorientierung ist eine Philosophie, in welcher der Markt mit seinen Elementen und Ausprägungen das Unternehmensgeschehen bestimmt. Auf Grund der Marktkenntnisse und abgestimmt auf die

---

[18] Vonlanthen, J.-M.: Innovation in Schweizer Unternehmen. S. 36

[19] Vgl.: Hausschild, J.: Innovationsmanagement. S. 30

[20] Vgl.: Rüttimann, R.: Wie man das Rad erfindet. S. 15

Bedürfnisse des Marktes entwickeln Innovatoren/Intrapreneure innovative Bedürfnislösungen und setzen sie erfolgreich um.

Marktorientierte Organisation

Das marktorientierte Unternehmen ist eine auf die Marktgegebenheiten abgestimmte Organisation, in welcher die Wertschöpfungsketten vom Absatzmarkt her durch die Unternehmen hindurch bis in den Beschaffungsmarkt hinein definiert sind. Die marktorientierte Organisation ist eine Prozessorganisation mit kundenorientierter „Rundumbearbeitung".[21]

3 Das Forschungsprojekt

3.1 Ausgangslage und Forschungsgründe

Wenn man von Innovationen spricht, denkt man wohl zuerst an wirklich neue Produkte, die bislang nicht existierten. Jedoch führt diese Sicht oft zu einem produktionsorientierten Fokus. Innovation ist jedoch das, was die Kunden als neu empfinden. Aber nur neue oder quasineue Produkte, die einem echten Bedürfnis entsprechen, können nachhaltig auf den Märkten erfolgreich sein. Mit anderen Worten: Die Innovation muss vom Kunden her gedacht, entwickelt und umgesetzt werden. Wir reden hier also von marktorientierten Innovationen, wenn wir in erweiterter Sicht von der Einbringung von Neuem sprechen.

Neben der faktisch neuen oder quasineuen Marktleistung (Aussensicht) wird auch die Optimierung bzw. die radikale Neugenerierung von Verfahren und strukturierten Aufgabenfolgen unternehmensintern (Innensicht) als Innovation verstanden. Durch die optimierende Gestaltung von Aufgabenfolgen bzw. Prozessen sollen aus ablauforganisatorischer Sicht die Leistungskompetenz, die Effizienz und die Effektivität der Unternehmen eben durch die Entwicklung von Prozessneuerungen gesteigert werden. Gemeint sind Regelungen, die hilfreich sind, damit die Marktleistung fehlerfrei entsteht, der Kunde zu seiner besten Zufriedenstellung bedient wird, die Handlungsabläufe

---

[21]   Vgl.: Osterloh, M./ Frost, J.: Prozessmanagement als Kernkompetenz. S. 100

konkret aufeinander abgestimmt sind, eine hohe Erfüllungsgeschwindigkeit realisiert werden kann, kostenoptimal gearbeitet werden kann und die Zufriedenheit und Motivation von intern beteiligten Mitarbeitern hoch ist.

Das Management von Produktinnovationen und das Management der Innovationsprozessgestaltung werden als Innovationsmanagement verstanden. Mit dessen Hilfe soll das Management das Handhaben der Aufgaben von der Ideengewinnung bis hin zur Pflege der Marktleistung für die Intrapreneure umsetzbar machen.

Bei der vorgängigen Sichtung und Analyse von Sekundärinformationen wurde deutlich, dass ein marktorientiertes Innovationsmanagement mehr denn je gefordert werden muss. Ferner entstand der Eindruck, dass Innovationen von vielen (K)MU eher nicht prozessbezogen angegangen werden, sondern einzelne Aufgaben an sich schon häufig als Prozesse angesehen werden. Mit anderen Worten: ein marktorientierter gesamtheitlicher Innovationsprozess ist in der Literatur weder beschrieben, geschweige denn in Unternehmen integriert. Auch in der angewandten Innovationsforschung, die in der Schweiz schon seit Jahren einen beachtlichen Stellenwert geniesst,[22] zeigt die wissenschaftliche Literatur diverse deskriptive, aber vor allem partielle Innovationsmanagementmodelle[23], stellte bis jetzt jedoch keine ganzheitliche Innovationsmanagement-Heuristik für die Praxis vor.

Nach Beroggi, Lévy und Pastor ist ein solches ganzheitliches Verfahren eine unbedingte Erfordernis: „Die Notwendigkeit, ein umfassendes Modell des Innovationssystems zu definieren, wird heute von allen Experten anerkannt"[24].

Die Entwicklung eines Innovationssystems, wir wollen dieses künftig als Innovationsnavigator bezeichnen, muss auf die Bedürfnisse der Anwendergruppe zugeschnitten sein. Eine solche „Toolbox" wäre

---

[22] Vgl. z.B. schon 1995 bei Vonlanthen, J.-M.: Innovationsmanagement in Schweizer Unternehmen. S. 13

[23] Vgl. z.B.: Thom, N.: Innovationsmanagement. S. 6

[24] Beroggi, G./ Lévy, M./ Pastor, E.: Wie Innovation messen und effektiv fördern? S. 20

dann für Unternehmen ein brauchbares Instrument, mit welchem diese systematischer und sicherlich effizienter die Innovationsbestrebungen angehen könnten. Der Navigator muss in der Lage sein, das Ausgangsproblem zu verdichten, die Daten der Ausgangslage zu erfassen, Zielsetzungen abzuleiten, eine Strategierichtung abzubilden, einen strukturierten Businessplan aufzuarbeiten, den Innovationsplan zu generieren, das Vermarktungskonzept vorzulegen, auf die Organisationsstruktur bezüglich Aufbau/Ablauf einzuwirken, Massnahmen für den Lebenszyklus einer Produktinnovation darzulegen und intern wirkende Kommunikationstechniken vorzuschlagen, durch deren Umsetzung dann Innovation auch wahr werden kann. Soweit die Vision.

3.2 Forschungsziel

Im Rahmen der FFHS-Forschungsstrategie hat das Institut Management und Innovation (IMI) der Abteilung Wirtschaftswissenschaften in Kooperation mit dem Zentrum für Marketing Management (ZMM) der Zürcher Hochschule Winterthur (ZHW) das Forschungsprojekt ADAM I und EVA KTI lanciert.

Das Gesamtprojekt besteht aus zwei Teilprojekten: das Teilprojekt ADAM I (Analyse der angewandten marktorientierten Innovation) und dem Teilprojekt EVA KTI (Entwicklung von alltagstauglichen kompakten Techniken für das Innovationsmanagement).

Im Teilprojekt ADAM I wurde die zentrale Frage untersucht, „Wie geschieht Innovation in Schweizer MU?", und hierbei implizit im Hintergrund die Frage verfolgt, braucht die Zielgruppe der mittleren Unternehmen einen Innovationsnavigator? Sollte sich diese Vermutung bewahrheiten, entstünde ein Entwicklungshandlungsbedarf für einen Innovationsnavigator. Seine Entwicklung sei dann die Aufgabe des zweiten Teilprojektes EVA KTI.

3.3 Das Teilprojekt ADAM I

Basierend auf dem aktuellen Stand der Literatur und bisherigen Studien zum Innovationsmanagement legten wir für die Erhebung (Teilprojekt ADAM I) 5 Programmdimensionen (PGD) fest:

- Demographische Daten und Marktumfeld des Unternehmens (PGD1)

- Stellenwert der Innovation im Unternehmen (PGD2)

  - Produktinnovationen

  - Prozessinnovationen

- Innovationsverfahren des Unternehmens (PGD3)

- Innovationshemmnisse im Unternehmen (PGD4)

- Innovationskooperationen (PGD5)

Der entwickelte Fragebogen lehnte sich an Fragestellungen an, die z.B. auch in der KOF-Erhebung von 1999 thematisiert wurden.[25] Anregungen für die Entwicklung, Ergänzung und Anpassung der Programmdimensionen und deren Operationalisierung erhielten wir durch folgende Veröffentlichungen:

- Europaweite Innovationserhebung des Zentrums für Europäische Wirtschaftsforschung (Community Innovation Survey 2005)[26]

- Indikatorbericht zur Innovationserhebung 2004: Innovationsverhalten der deutschen Wirtschaft[27]

- Cooper, R. G.: The Dimensions of Industrial New Product Success and Failure, Journal of Marketing, Vol. 43, Summer 1979, S. 93–103[28]

- Konjunkturforschungsstelle der ETH Zürich: Innovationsaktivitäten.[29]

---

[25] Arvanitis, S. et al.: Innovationsaktivitäten in der Schweizer Wirtschaft. S. 229 ff.

[26] Fragebogen von: infas (Institut für angewandte Sozialwissenschaften), ZEW (Zentrum für Europäische Wirtschaftsforschung GmbH) und dem Fraunhofer Institut: Vierte Europaweite Innovationserhebung. Community Innovation survey 2005 (CIS IV)

[27] Rammer, C./ Aschhoff, B./ Doherr, T./ Peters, B./ Schmidt, T.: Innovationsverhalten der deutschen Wirtschaft. Indikatorenbericht zur Innovationserhebung 2004. Zentrum für Europäische Wirtschaftsforschung GmbH und infas. 2005 Mannheim

[28] Cooper, RG.: The Dimensions of Industrial New Product Success and Failure. In: Journal of Marketing, Vol. 43, No. 3, 93–103. Summer, 1979

Die Grundgesamtheit und die Stichprobe für diese Erhebung wurden folgendermassen festgelegt: Das Universum besteht aus mittleren Unternehmen mit einer Mitarbeiterzahl zwischen 50 und 250 aus dem II. Sektor im geografischen Raum der deutschsprachigen Schweiz. Mit der Wahl dieser Merkmalsträger konzentrieren wir uns auf Unternehmenstypen, die im Hinblick auf die Summe aller Unternehmen im Betrachtungsraum der deutschsprachigen Schweiz einen Mengenanteil von über 95 % besitzen. Die Grundgesamtheit ist nach Branchen gegliedert; d.h. es sind hier Unternehmen der Baubranche, der holzverarbeitenden Industrie, der Elektro- und Maschinenbaubranche u.a.m. vertreten.

Aus dieser Menge der KMU wurden die Kleinunternehmen (K) aus folgenden Gründen ausgeschlossen: Kleinunternehmen werden häufig direkt durch die Hand des Unternehmers selbst geführt. In solchen Organisationen geschieht Innovation dann eher intuitiv und direkt durch den Unternehmer selbst mit seiner persönlichen Methode. Ferner ist die Anzahl der Unternehmensmitarbeiter häufig so klein, dass Entscheidungsvorbereitungen in einem Team gar nicht möglich sind. Es darf für diesen Unternehmenstyp angenommen werden, dass Innovationen tendenziell pragmatisch angegangen werden. Wenn wir in der Praxis Informationen für die Gestaltung eines Innovationsnavigators erheben wollen, dann eignen sich Kleinunternehmen aus besagten Gründen als Informationslieferanten eher nicht. Hinzu kommt, dass Kleinunternehmer mit grosser Wahrscheinlichkeit auch nicht Anwender eines Innovationsnavigators sein können.

Die Konzentration auf den II. Sektor geschah aus folgendem Grund: Innovation geht hier oft quasi sichtbar vor sich, während in Unternehmen des ersten Sektors, etwa in der Landwirtschaft, Forst- und Fischereiwirtschaft und im Bergbau möglicherweise weniger die Notwendigkeit besteht, produktbezogen innovativ zu arbeiten. Im dritten Sektor, dem Dienstleistungssektor, befinden sich sehr viele kleine Unternehmen. Die Branchendefinitionen sind sehr differenziert, die Sortimente erscheinen nicht sehr transparent, die Leistungsvariationen

---

[29] Konjunkturforschungsstelle der ETH: Befragung 1996. Innovationsaktivitäten. Industrie. 30. September 1996

werden recht schnell erarbeitet, sodass Innovationen hier schwer feststellbar sind.

Um Übersetzungsfehler und kulturelle Missverständnisse sowohl bei der Fragebogenerstellung als auch bei der Durchführung der Interviews zu vermeiden, wurden nur Unternehmen im deutschsprachigen Raum der Schweiz untersucht. Um sicher zu gehen, dass genügend Erfahrung im Innovationsmanagement auf Interviewtenseite vorhanden war, um den konzipierten Fragebogen beantworten zu können, befragten wir nur Firmen, die länger als fünf Jahre existierten. Bedingung bei der Auswahl der Interviewpartner war, dass diese in die Innovationsprozesse ihrer Arbeitgeber auf Führungsebene, beispielsweise in der Geschäftsleitung, Teamleitung, in der Leitung einer Technikabteilung oder in der Marketingleitung, eingebunden waren.

Aus der so bestimmten Grundgesamtheit der mittleren Unternehmen (MU) wurde, mit direktem Bezug auf die Struktur dieser Grundgesamtheit, die Stichprobe n = 58 konzipiert. Bei der Auswahl der Stichprobe wurde streng darauf geachtet, dass die ausgewählten Unternehmen des Samples bezüglich der Menge, Grösse und Branchenzugehörigkeit ein Abbild der Branchenstruktur der mittelständigen Unternehmen der deutschsprachigen Schweiz darstellten. Die Struktur der Stichprobe entspricht also im Hinblick auf die oben genannten Merkmalsausprägungen weitgehend der Struktur des definierten Universums. Als Auswahlverfahren wurde die bewusste Auswahl in Form des Quotenverfahrens angewandt.

Es soll an dieser Stelle ausdrücklich darauf hingewiesen werden, dass die Ergebnisse der Studie lediglich richtungsweisende Erkenntnisse aufzeigen können und nicht als konkret repräsentativ für das Geschehen der Unternehmen in einer Grundgesamtheit gewertet werden dürfen.

4 Ergebnisse und Erkenntnisse

In diesem Kapitel werden die Antworten, Ergebnisse und Erkenntnisse zu den einzelnen Programmdimensionen der Studie ADAM I dargelegt. Die relevanten Ergebnisse und Erkenntnisse der Untersuchung sind in der Reihenfolge der fünf Programmdimensionen, nach denen der Fragebogen konzipiert wurde, dargestellt und im Kapitel 5 Schlussfolgerungen und Empfehlungen summarisch nochmals festgehalten.

4.1 Charakterisierung der untersuchten Unternehmen

Zunächst sollen die untersuchten Unternehmen nach Eigenschaften und Kennzahlen wie beispielsweise Grösse, Umsatz und Rechtsform, Mitarbeiterstruktur und Marktumfeld beschrieben werden, um einen konkreten Eindruck der Stichprobenbeschaffenheit zu vermitteln.

4.1.1 Merkmale der untersuchten Unternehmen

Alle Interviewpartner der Unternehmen waren leitende Angestellte, Inhaber oder Geschäftführer der Unternehmen, z.B. Product Manager, Entwicklungsleiter, Marketingleiter, CEO, Leiter der Administration etc. Das älteste Unternehmen der Stichprobe wurde im Jahre 1847 und das jüngste im Jahre 1997 gegründet. Eine Häufung von Unternehmensgründungen ist im Zeitablauf nicht erkennbar.

Die gewählte Branchenstruktur in der Stichprobe ist ein verkleinertes Abbild der Branchenstruktur der von uns betrachteten Grundgesamtheit. Die folgende Tabelle 1 verdeutlicht diese Struktur. Die Chemische Industrie erscheint dabei mit nur einem untersuchten Unternehmen auf den ersten Blick unterrepräsentiert. Dabei ist zu beachten, dass nur mittelgrosse Unternehmen (MU) in die Untersuchung einbezogen wurden. Die folgende prozentuale Verteilung zeigt die Mengenverhältnisse deutlicher und lässt erkennen, dass rund 43 % der abgebildeten Unternehmen aus der Metall- und Elektrobranche stammen.

Tabelle 1

Branchenstruktur des zweiten Sektors in der Grundgesamtheit und in der Stichprobe				
Branchen	N Grund-gesamtheit	prozentuale Verteilung in der Grund-gesamtheit	Ideale absolute Verteilung in der Stichprobe	Reale absolute Verteilung in der Stichprobe
Nahrung und Genussmittel	2'869,00	6,73	4	4
Textil	1'720,00	4,03	2	2
Lederverarbeitende Industrie	292,00	0,68	1	1
Holzindustrie	6'610,00	15,50	8	8
Papier-, Verlags- und Druckgewerbe	5'094,00	11,94	7	6
Chem. Industrie u. Raffinerien	1'049,00	2,46	1	1
Gummi- und Kunststoff-verarbeitung	892,00	2,09	1	2
Glas- Beton- keram. Industrie	1'562,00	3,66	2	2
Metallindustrie	8'544,00	20,03	12	11
Maschinenbau	3'609,00	8,46	5	6
Elektro- und Feinmech. Industrie	5'455,00	12,79	7	9
Fahrzeugbau	626,00	1,47	1	1
sonst. Verarb. Gewerbe	4'325,00	10,14	6	5
Total	42'647,00	100,00	57	58

Neben der Branchenstruktur sollte auch die geografische Verteilung berücksichtigt und in der Stichprobe abgebildet werden. Die folgende Abbildung 1 liefert einen Überblick nach Regionen. Es wird deutlich, dass ca. 40 % der befragten Unternehmen ihren Sitz im Grossraum Zürich haben. Der grosse Anteil im Raum Zürich entspricht den Gegebenheiten in der Realität, also der Verteilung in der Grundgesamtheit. Die anderen Befragten sind mit 8,5 %–13,5 % relativ gleichmässig auf die restlichen deutschsprachigen Regionen verteilt.

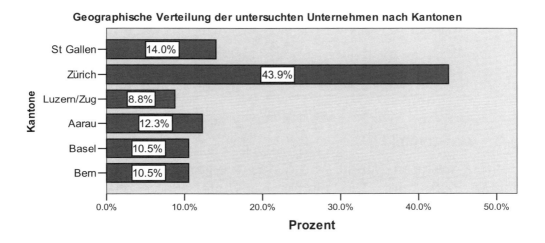

Abb. 1

Mit Bezug auf die Frage „Wie hoch schätzen Sie den jährlichen Umsatz?" kann gesagt werden, dass kein befragtes Unternehmen weniger als 5 Mio. Umsatz erzeugt und dass rund 52 % der Unternehmen zwischen 15 und 49 Mio. Umsatz generieren. Alle untersuchten Unternehmen haben die Rechtsform Aktiengesellschaft.

4.1.2 Mitarbeiterstruktur der Unternehmen

Über 70 % der befragten Unternehmen beschäftigen zwischen 50 und 149 Mitarbeiter. Am häufigsten wurde die Unternehmensklasse „50 bis 99 Mitarbeiter" angekreuzt, in welcher rund 47 % der befragten Arbeitnehmer beschäftigt sind. Die folgende Darstellung (vgl. Tabelle 2) macht die Grössenverhältnisse der Unternehmen mit Bezug auf die

Anzahl der Mitarbeiter deutlich. In unserem Sample lassen sich rund 75 % der Unternehmen in die Kategorie 50–149 Mitarbeiter einordnen.

Tabelle 2[30]

Anzahl Mitarbeiter					
		Häufigkeit	Prozent	Gültige Prozente	Kumulierte Prozente
Gültig	1–49	4	6,9	6,9	6,9
	50–99	27	46,6	46,6	53,4
	100–149	15	25,9	25,9	79,3
	150–199	7	12,1	12,1	91,4
	200 und mehr	5	8,6	8,6	100,00
	Gesamt	58	100,0	100,0	

4.1.3   Marktumfeld

In einem weiteren Schritt wurde das Wettbewerbsumfeld der Unternehmen betrachtet. Die hierfür relevante Frage gliedert sich in mehrere Teilfragen[31]. Aus der unten stehenden Tabelle 3 geht hervor, dass die Schweizer Mittelbetriebe ihre Konkurrenzsituation kaum als eine Bedrohung empfinden. Lediglich die Nachfrageentwicklung und noch stärker die Substituierbarkeit der eigenen Produkte durch die Konkurrenz wird von den meisten als ein Problem bezeichnet. Rund 60 % der Befragten gaben eindeutig an, dass man die Konkurrenzprodukte aber auch leicht durch die eigene angebotene Leistung ersetzen könne.

---

[30]   Die prozentuale Häufigkeit bezieht sich auf alle abgegebenen Antworten, d.h. inklusive der fehlenden Werte. Der gültige Prozentsatz klammert bei der prozentualen Berechnung die fehlenden Werte aus. Diese Erklärungen beziehen sich auch auf die folgenden Tabellen mit prozentualen Verteilungen. Vgl. dazu auch: Bühl, A. / Zöfel, P.: SPSS 12. S. 118

[31]   Die Teilfragen sind gleich skaliert, sodass man einen hohen Mittelwert als das Empfinden einer hohen Bedrohung, einen niedrigen Mittelwert als das Empfinden einer geringen Bedrohung durch das Wettbewerbsumfeld interpretieren kann.

Tabelle 3

Das Wettbewerbsumfeld der untersuchten Unternehmen						
Variablen des Wettbewerbsumfeldes in %	Trifft voll und ganz zu	Trifft weit-gehend zu	Trifft eher zu	Trifft kaum zu	Trifft gar nicht zu	Gesamt
Handlungen der Konkurrenten sind schwer vorhersehbar	10,3	19,0	24,1	43,1	3,4	100
Hohe Bedrohung der Marktposition durch den Markteintritt neuer Konkurrenten	5,2	22,4	22,4	46,6	3,4	100
Technologien für Produktion ändern sich rasch	10,3	8,6	13,8	55,2	12,1	100
Produkte sind schnell veraltet	1,7	5,2	15,5	51,7	25,9	100
Produkte der Konkurrenz sind leicht mit eigenen Produkten substituierbar	19,0	41,1	24,1	15,5	0,0	100
Nachfrageentwicklung ist schwer vorhersehbar	5,2	19,0	46,6	27,6	1,7	100

Die Mittelwerte[32] der Teilfragen zeigen das gleiche Bild: Sie liegen mit einer Ausnahme unter dem Wert „trifft eher zu" (Mittelwert < 3). Auf den ersten Blick stellt sich hier also ein deutlicher Widerspruch dar: Die Bedrohung durch die Konkurrenz wird als nicht eklatant gesehen.

---

[32] Um aussagekräftigere Ergebnisse zu erhalten und unter der Annahme, dass die Antwortgebenden die Abstände bei diesem Fragenkomplex zwischen den vorgegebenen Skalenwerten als gleich gross empfinden, können wir bei dieser Frage Intervallskalenniveau unterstellen.

Auf der anderen Seite jedoch ist man der Meinung, dass die eigenen Produkte relativ leicht Konkurrenzprodukte ersetzen können. Die Gründe hierfür könnten darin liegen, dass die Marktkenntnisse vielleicht nicht so ausgeprägt sind wie es wünschenswert wäre und das Wettbewerbsfeld mit seinen Aktivitäten nur unvollständig wahrgenommen wird. Ebenso kann vermutet werden, dass diese Meinungsäusserungen sich auf die Performance und Qualität der eigenen Leistung beziehen und möglicherweise weniger auf die Fähigkeit des eigenen anbietenden Unternehmens, durch ein besseres Marketing die Substitution zu bewirken.[33]

In den Interviews tritt vor allem hervor, dass die befragten Unternehmen keinen schnellen Technologiewandel erkennen und dass die Aktualität der Produkte wohl über einen längeren Zeitraum bestehen bleibt. Des Weiteren herrscht in diesem Zusammenhang wohl die Ansicht, dass die Nachfrageentwicklung in den jeweiligen unternehmensspezifischen Märkten eher „schwer" einzuschätzen ist.

4.2 Stellenwert der Innovationen

Gemeinhin wird in der Literatur zwischen Produkt-, Prozess- und Sozialinnovationen unterschieden.[34] Die Programmdimension 2 konzentriert sich jedoch nur auf den Stellenwert der Produkt- und Prozessinnovationen der befragten Unternehmen. Sozialinnovationen sind nicht Betrachtungsgegenstand der Fragestellung dieses Forschungsprojektes.

4.2.1 Produktinnovationen

Zunächst werden Produktinnovationen betrachtet. Produktinnovationen wurden im Fragebogen folgendermassen definiert: „Eine Produktinnovation ist ein Produkt (inkl. Dienstleistungen), dessen Komponenten oder grundlegende Funktionen und Merkmale (technische Grundzüge, Komponenten, integrierte Software, Verwendungseigenschaften, Benutzerfreundlichkeit, Verfügbarkeit) entweder neu gestaltet oder

---

[33] Siehe hierzu auch die Erkenntnisse zu den Gründen für den Misserfolg einer einmal entwickelten Produktinnovation auf S. 51.

[34] Vgl. z.B.: Vonlanthen, J.-M.: Innovationsmanagement in Schweizer Unternehmen. S. 36

merklich verbessert sind".[35] Dabei sollten Innovationen erfragt werden, die neu für die Unternehmen selbst sind, gleichgültig ob sie von den Unternehmen alleine oder in Zusammenarbeit mit anderen entwickelt wurden. Der reine Verkauf von Innovationen, die ausschliesslich von anderen Unternehmen entwickelt und produziert werden, wurde nicht als Produktinnovation definiert. Beispiele für Produktinnovationen nach der hier verwendeten Definition sind: Bremsscheiben aus faserverstärkter Keramik, neue Modell-/Produktreihe mit verbesserten Performance-Eigenschaften, Lacke mit höheren Beständigkeitseigenschaften und optischen Spezialeffekten, Aufnahme völlig neuer Güterarten in das Transportangebot (z.B. Beförderung gefährlicher Güter) oder Neuentwicklung von kundenspezifischer Software.

In der untersuchten Stichprobe gaben 91,4 % der befragten Unternehmen an, dass sie in den letzten 3 Jahren neue bzw. merklich verbesserte Produkte oder Dienstleistungen auf den Markt gebracht haben. Für die Vertreter der Unternehmen schien es allerdings schwierig, die exakte Anzahl der Innovationen zu benennen. Von den 53 Unternehmen, die mitteilten, Produktinnovationen durchgeführt zu haben, machten 49 quantitative Angaben. Ingesamt haben diese 49 Unternehmen in den letzten drei Jahren 472 Innovationen lanciert. Dies entspricht einem arithmetischen Mittel von 9,63 Innovationen je Unternehmen in drei Jahren. Einzelne Unternehmen haben bis zu 100 Produktinnovationen für diesen Zeitraum genannt, wobei rund 70 % der befragten Unternehmen angaben, dass sie 5 oder weniger Produktinnovationen erfolgreich vermarktet hätten.[36]

Deutlich mehr als die Hälfte (64,2 %) der Befragten teilten mit, dass die Anzahl ihrer Innovationen im Produktbereich über dem Branchendurchschnitt oder sogar deutlich darüber liege. Vergleicht man diese Zahlen mit der angegebenen Anzahl der Produktinnovationen, so fällt auf, dass etwa 56 % der Meinungsträger, welche bis zu 5 Innovationen in den letzten 3 Jahren umsetzten, der Ansicht sind, dass die Anzahl der von ihnen selbst lancierten Innovationen über dem Branchendurchschnitt liege. Von jenen Unternehmen, die mehr als 5

---

[35] Siehe Fragebogen im Anhang, S.2

[36] Vgl.: Semmer, N. et al.: Innovationen in Unternehmen. S. 186

Produktinnovationen in den letzten 3 Jahren vermarktet haben, schätzten 72,7 % (15 Unternehmen), dass sie mit ihrer Innovationsmenge über dem Branchendurchschnitt liegen.

Bei der Unterscheidung nach Innovationen im Waren- oder Dienstleistungsbereich (oder beiden) antworteten 54 Befragte unserer Stichprobe. Auf Grund der möglichen Mehrfachantworten kamen 69 Nennungen zu Stande. 51 Merkmalsträger haben dabei Innovationen im Bereich Sachgüter umgesetzt; davon haben 15 Unternehmen zusätzlich Dienstleistungsinnovationen vermarktet, während nur 3 Unternehmen ausnahmslos als Dienstleistungsinnovatoren tätig waren (vgl. Tabelle 4).[37]

Tabelle 4[38]

Anzahl der Innovationen im Waren- und Dienstleistungsbereich		Antworten		Prozent der Fälle
		N	Prozent	
Art der Innovation Waren		51	73,9	94,4
Dienstleistungen		18	26,1	33,3
Gesamt		69	100,0	127,8

Betrachtet man die *Produktinnovationen* im Einzelnen, sind die Innovationen sehr unterschiedlicher und vielfältiger Natur. Einige *Beispiele* sind in Stichworten in der Tabelle 5 aufgeführt.

---

[37] Hier soll noch einmal daran erinnert werden, dass sich die Erhebung auf den zweiten Sektor konzentrierte,– dies hat sicherlich Auswirkungen auf die Häufigkeiten der Angaben zu den Sachgüterinnovationen.

[38] „Prozent" bezieht sich hier, wie auch bei anderen Mehrfachantworten, auf die Gesamtzahl der gegebenen Ja-Antworten; „Prozent der Fälle" bezieht sich auf die Anzahl der gültigen Fälle. Siehe hierzu auch Bühl, A. / Zöfel, P: SPSS 12. S. 266.

Tabelle 5

- Ventil für Bauschaumdosen
- 3 Fleischwaren
- Recycling-Beton (Beton aus Recycling-Materialien, Bauabfällen)
- CNC-gesteuerte Plattenbearbeitung bei Konstruktionen mit Rohren
- vollständig neuer Radar-Bewegungsmelder für Sicherheitsmelder
- automatische Schiebeläden für Beschattungselemente an der Fassade
- vollständiges Sortiment an Einweggeschirr basierend auf nachwachsenden nat. Rohstoffen
- Anschaffung des grössten Pneukranes der Schweiz
- 400 qm Silo-Anlage: Neuheit: Grösse = grösster Silo in der Schweiz
- Fresh Pack (verhindert Austrocknen von Cigarillos) für Premium Zigarren (HBPR) (handgemacht)
- 2-Giga-Herz Rechner in Kreditkartengrösse
- Einstieg in Schmelzkäsegeschäft -> div. neue Produkt Entwicklungen Fertig-fondue mit verschiedenen Verkaufsinstrumenten
- Einführung von chem. bleifreiem Nickel
- SBB-Verkehrsmittel-Interieur
- Automatische Körpergewichtseinstellung -> patentiert. Fördert freies Sitzen, an Körpergewicht angepasst
- Layflat: Buch geht ganz auf, dünnere Bindung
- Neue Verbindungstechnik für tragende Elemente im Holzbau

Um einen Anhaltspunkt zu erhalten, wie innovativ, also neu und anders als Bisheriges die Unternehmen ihre Produkte einschätzen, wurden drei Innovationsniveaus festgelegt, die wie folgt definiert wurden:[39]

---

[39] USP bedeutet Unique Selling Proposition und wird als einzigartiges Verkaufsversprechen bei der Positionierung einer Leistung definiert. Vgl.: Gabler: Wirtschaftslexikon. Band S–Z. S. 3027

„Low/Adjustment": Eher nur äusserliche Veränderung, ohne Veränderung der Funktionalität selbst (d.h. nur Variation von: Geruch, Geschmack, Farbe, Form, allgemein Design etc.) (UAP)

„Middle/Re-View": merkliche Änderung (evolutionäre) der Funktionalität und Qualität des Produktes (neue Hilfstechnologie) (UAP)

„High/Re-Think": Eigenentwicklung eines funktional-konzeptionell neuen Produktes, welches eine Marktneuheit darstellt (revolutionär neu) (echte Innovation mit USP)

Die Unternehmen wurden gebeten, ihre oben genannten Innovationen einstufen. Dabei ergab sich folgendes Bild: 54 der 58 befragten Unternehmen schätzten ihre früher genannten Innovationen ein. Nur 3,7 % gaben an, dass ihre Leistungen auf dem Niveau „Low/Adjustment" angesiedelt seien. Eine deutliche Mehrheit (63 %) ordnete ihre Innovationen auf dem Niveau „Middle/Re-View" ein; und 33,3 % der Innovationen werden auf dem Niveau „High/Re-Think" angesiedelt (vgl. Abbildung 2).

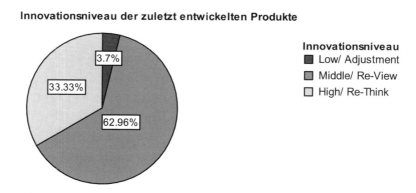

Abb. 2

Aus marktorientierter Sicht, das heisst aus der Sicht der Kundschaft, könnten manche der genannten Innovationen auf niedrigerem Niveau vermutet werden. Beispielsweise könnten einige Innovationen, die von den Befragten auf dem Niveau „Middle" eingestuft wurden, vom Kunden als „Low" eingeschätzt werden. Denkbar ist, dass der Kunde die Neuerung am Produkt oft als solche nicht erkennt.[40]

In 48 % der befragten Unternehmen löste die Produktinnovation ein altes Produkt ab. Bei 72 % der Unternehmen unserer Stichprobe konnte der Marktanteil durch die Innovation deutlich gesteigert werden. 100 % dieser Antwortenden sind der Meinung, dass diese realisierten Innovationen auf dem Markt erfolgreich waren.

Dabei wurde unterstellt, dass eine Innovation dann erfolgreich ist, und so wurden auch die Aussagen der Unternehmen in diesem Zusammenhang interpretiert, wenn die neue Leistung vom Markt honoriert wird.[41]

4.2.2 Prozessinnovationen

Im Folgenden soll nun der Stellenwert von Prozessinnovationen untersucht werden. Eine Prozessinnovation wurde im Rahmen dieser Studie als eine neue oder merklich verbesserte Fertigungs-/ Verfahrenstechnik oder ein neues oder merklich verbessertes Verfahren zur Erbringung von Dienstleistungen und zum Vertrieb von Produkten definiert. Das Resultat sollte sich merklich auf Produktionsniveau, Produkt-/Dienstleistungsqualität oder Produktions- bzw. Vertriebskosten auswirken. Verfahren, die neu eingeführt wurden, um Produktinnovation zu ermöglichen, zählen ebenfalls als Prozessinnovation. Wie bei den Produktinnovationen interessierten in diesem Rahmen nicht nur die Marktneuheiten, sondern auch diejenigen Innovationen, die neu für das Unternehmen waren. Rein aufbauorganisatorische Veränderungen oder die Einführung von neuen Managementtechniken wurden dabei ausgeschlossen. Auch hier sollte wieder die Beurteilung aus Sicht der Unternehmen selbst erhoben werden. Als Orientierungshilfe zur Abgrenzung von Prozessinnovationsvarianten

---

[40] UAP, bzw. Unique Advertising Proposition, hebt bei der auf gesättigten Märkten häufig anzutreffenden Austauschbarkeit des Produkts auf eine bloss werbliche Alleinstellung ab. Es handelt sich also um eine rein kommunikative Technik für ein Me-too-Produkt, das durch werbliche Umsetzung in der Meinung der Nachfrager einen herausragenden Rang erlangt.

[41] Vgl.: Rüttimann, R: Wie man das Rad erfindet. S. 15

wurden folgende Beispiele angegeben: Einsatz von Lasergeräten zur Erhöhung der Produktqualität in der Metallbearbeitung, Einführung von Automatisierungskonzepten, erstmalige Anwendung neuer Programmiersprachen zur Softwareentwicklung, Einsatz neuer Messverfahren zur Beschleunigung von Test- und Prüfvorgängen.

Im Hinblick auf Prozessinnovationen gaben rund 80 % der Unternehmen aus der Stichprobe an, dass sie neue oder verbesserte Prozesse eingeführt hätten. Von denjenigen, die Prozessinnovationen durchgeführt haben (46 Unternehmen), nannten 39 eine konkrete Anzahl. Insgesamt wurden von diesen 39 Unternehmen zusammen 159 Prozessinnovationen in den letzten drei Jahren realisiert; dies entspricht rund 4 Innovationen je Unternehmen.

45,6 % der Unternehmen aus der Stichprobe waren der Meinung, dass die Anzahl ihrer Prozessinnovationen über dem Branchendurchschnitt liege. 50 % der Befragten schätzten, dass ihre Unternehmen gleich viele Prozessinnovationen wie in ihrer Branche üblich lanciert hätten. Lediglich 4,4 % schätzten die Anzahl ihrer Innovationen als unterdurchschnittlich ein.

Dieses Ergebnis ist erstaunlich und legt die Vermutung nahe, dass die untersuchten Schweizer Mittelbetriebe ihre eigene Innovationsdynamik verglichen mit denjenigen anderer Unternehmen ihrer Branche wohl zu hoch bewertet haben könnten.

Betrachtet man die unterschiedlichen Möglichkeiten der Prozessinnovationen – nach der verwendeten Definition Fertigungsverfahren, Logistische Verfahren und prozessunterstützende Verfahren[42] – so stellt man fest, dass zum Grossteil Fertigungsverfahren umgesetzt wurden (vgl. Tabelle 6).

Die *Beispiele für Prozessinnovationen*, die uns von unseren Interviewpartnern genannt wurden, sind sehr vielfältig. Einige stichwortartige Nennungen finden sich in Tabelle 7.

---

[42] Grundsätzlich wurde hier nur nach betrieblichen Prozessen gefragt. Massnahmen zur Gestaltung der Kern- und Supportprozesse, die das gesamte Unternehmen betreffen, wurden in der Erhebungsabsicht vernachlässigt.

Tabelle 6

Durchgeführte Prozessinnovationen				Prozent der Fälle
		Antworten		
		N	Prozent	
Art der Prozess-innovation	Fertigungsverfahren/DL	40	44,4	87,0
	Log. Verfahren, Ausliefe-rungs-/Vertriebsmethoden	24	26,7	52,2
	Unterstützenden Aktivitäten für Prozesse	26	28,9	56,5
Gesamt		90	100	195,7

Tabelle 7

- Neues bleifreies Lötverfahren (Anpassung an neues EU-Gesetz). Dazu werden teilweise neue Materialien verwendet.
- Neues Verfahren beim Vergiessen von Trittmatten.
- Ein Systemplaner erlaubt es dem Kunden, über Internet eine Schiebe- oder Faltwandanlage zu konfigurieren und sämtliche Begleitdokumente (Pläne, Offerten, Stücklisten, Zuschnittlisten) zu generieren.
- Innovationsprozesse werden standardisiert: Normvorgehen mit Checklisten, Prozesse laufen so schneller und einfacher, Vorgehen scheint sich zu bewäh-
- Straffung des Klebersortiments: Bereich Lösungsmittel bis auf ein Kleber-system reduziert.
- Einführung einer neuen Betriebs- und Finanzsoftware.
- ISO Certificate 14000.
- Automatisierung Blechbearbeitung. Umstellung Zulieferungen (Lieferanten, Kunden) auf private EDV -> 3D (Konstruktion) VK-AD (Kundeninfo-System).
- Vorstufen Workflow (komplett neu), Ausbau Druck auf UV-Verfahren im Offset, zentraler Logistikbasis/-stützpunkt.
- neue EDV: besseres Einfliessen von Neuerungen in Arbeitsabläufe. Jeder AN weiss genauer, was seine Aufgaben sind.
- Kunde kann Reparaturfortschritt im Internet beobachten.
- Reinräume (staub- und dreckfrei).
- Neue optimierte Maschine (selbst umgebaut), tiefere Rüstzeit, mehr Produk-tion -> starke Verbesserung, Maschine nun auch im Verkauf.
- Aufkonzentrierung von Molke mittels Umkehrosmose Proteineinsatz im 1/4-fett-Käse. Automatisches Wenden, Stapeln von Käse, automatisches Mischen, Fondue premix.
- Innovative Homepage: B2B-Prozess. Kaizen-Verfahren: Produktionsprozess zur Verkürzung der Produktionszeit mit weniger Ausschuss.

Es ist durchaus diskutierbar, ob alle diese Angaben definitiv echte Prozessinnovationen darstellen. Bei den Angaben ist allerdings für einen Laien nicht immer nachvollziehbar, was an diesen Veränderungen innovativ sein könnte. Dennoch lässt sich mit Bezug auf die Nennungen eine Verhaltensrichtung der Unternehmen erkennen. Es handelt sich häufig um Optimierungsbestrebungen, um Prozesse insgesamt effizienter, schneller und kostengünstiger zu gestalten.

Bemerkenswert ist in diesem Zusammenhang, dass rund 70 % der Unternehmen in der Folge von Prozessinnovationen eine deutliche Verbesserung der durchschnittlichen Kostensituation sehen. Gleichzeitig gaben fast 75 % der Merkmalsträger eine deutliche Qualitätsverbesserung ihrer Produkte als Folge der Prozessinnovation an. Dieses Ergebnis deckt sich auch mit Umfrageresultaten von Arvanitis, die belegen, dass rund 60 % der Industrieunternehmen ihre Kosten senken konnten.[43]

Ausgehend von der Überlegung, dass grössere Organisationen, die über mehr Ressourcen verfügen, ein deutlich höheres innovationsdynamisches Verhalten zeigen können als kleine Unternehmen, tauchte die Frage auf, ob es einen Zusammenhang zwischen Unternehmensgrösse und der Anzahl der geplanten/umgesetzten Produkt- bzw. Prozessinnovationen gibt. Dieser Gedanke wird auch durch andere Erkenntnisse aus quantitativ repräsentativen Erhebungen, z.B. von Arvanitis et al.,[44] unterstützt und als zutreffend belegt. Diese Analyse zeigte jedoch in unserer Stichprobe keinen Zusammenhang zwischen der Unternehmensgrösse der mittleren Unternehmen und der Anzahl der Produkt- bzw. Prozessinnovationen. Mit anderen Worten: Die Anzahl der Innovationen ist unabhängig von der Unternehmensgrösse. Dies lässt sich möglicherweise auf die kleine Stichprobe dieser Erhebung zurückführen. Die Stichprobeprobengrösse der oben genannten Untersuchung von Arvanitis et al. ist dagegen sehr viel umfangreicher.[45] Diese Erhebung bezieht sich jedoch auch auf alle

---

[43] Vgl.: Arvanitis, S. et al.: Innovationsaktivitäten in der Schweizer Wirtschaft. S. 44

[44] Vgl.: Arvanitis, S. et al.: Innovationsaktivitäten in der Schweizer Wirtschaft. S. 34

[45] Vgl.: Arvanitis, S. et al.: Innovationsaktivitäten in der Schweizer Wirtschaft. S. 13

Sektoren und alle Grössenklassen von Unternehmen in der Schweizer Wirtschaft.

Eine weitere Frage in diesem Gesamtzusammenhang ist, ob die Anzahl der geplanten und realisierten Produktinnovationen in einem aussagekräftigen Verhältnis zu der Anzahl der geplanten und realisierten Prozessinnovationen stehen könnte. Hier konnte ein sehr starker Zusammenhang mit einem Korrelationskoeffizienten von 0,79 bei den Verteilungen der durchgeführten Innovationen festgestellt werden. Dies führt zu der Schlussfolgerung, dass die betrachteten Unternehmen die realisierten Produktinnovationen auch mit Verfahrensveränderungen unterstützt haben.

Aus der folgenden Abbildung 3 wird erkennbar, dass bei den Unternehmenskategorien mit wenigen Mitarbeitern eine hohe Anzahl von Produkt- und Prozessinnovationen vorliegen. Dies erklärt sich nur dadurch, dass in diesen Unternehmensklassen auch mehr Befragungen stattfanden. Diese Grafik zeigt jedoch deutlich die Korrelation der Variablen „Produktinnovationen" und „Prozessinnovationen" in ihren zahlenmässigen Ausprägungen.

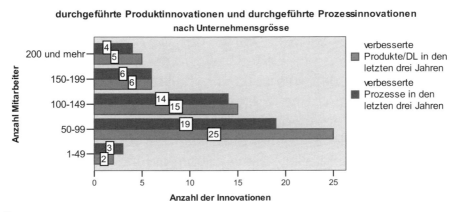

Abb. 3

52 von 58 Unternehmen teilten mit, dass es aus Unternehmenssicht wichtig sei, den Markt mit Innovationen zu bedienen. Nur 6 Unternehmen massen diesem Umstand geringere Bedeutung bei. Alle

Meinungsträger sagten aus, dass ihre Geschäftsleitungen der Verfolgung von Innovationstätigkeiten einen hohen Stellenwert beimessen. Die Antwortenden waren sogar der Ansicht, die Geschäftsleitung lege einen noch höheren Wert auf Innovationen, als dies von den Antwortgebenden selbst vertreten werde.

4.3 Innovationsverfahren

In dieser Programmdimension soll nun untersucht werden, wie und von wem der Innovationsprozess eingeleitet wird, also von welcher Stelle in den Unternehmen die Initiative ausgeht, einen Innovationsprozess einzuleiten, wie der Prozess abläuft, welche Kompetenzen das Unternehmen dafür benötigt und welche Hilfsmittel eingesetzt werden. In einem weiteren Schritt wird analysiert, welche Mitarbeitergruppen am Prozess beteiligt sind und wie diese zusammenarbeiten.

In diesem Teil der Erhebung wurde zunächst nach der Initiierung des Innovationsprozesses gefragt.[46] Die meisten Antwortgebenden erfahren die Geschäftsleitung als auslösendes Element für den Innovationsprozess, während nur rund 14 % der Innovationen von der Technik/F&E gezündet werden. Interessant ist die Erkenntnis, dass immerhin rund 29 % der Innovationsprozesse – wenn vermutlich auch nur indirekt – vom Markt, d.h. vom Kunden, in die Wege geleitet werden.

Rund 40 % der Interviewten waren der Meinung, der Innovationsprozess werde gezielt eingeleitet bzw. geplant, in etwa einem Drittel der Fälle entstand das Innovationsverhalten eher spontan und bei 31 % aller Prozessinitiativen ergab sich die Prozesslancierung in Abhängigkeit von der Art des Projektes zwischen ganz gezielt oder spontan (vgl. Tabelle 8). Dabei stellt sich heraus, dass die Idee zur Innovation in der Hälfte aller Fälle im Team gefunden wird.

---

[46] Bei der Frage waren Mehrfachantworten zugelassen.

Tabelle 8

Planungsgrad des „Kick-off" eines Innovationsprojektes				
		Häufigkeit	Prozent	Gültige Prozente	Kumulierte Prozente
Gültig	gezielt geplant	23	39,7	39,7	39,7
	Entstehen eher spontan	17	29,3	29,3	69,0
	Je nachdem, mal geplant mal spontan	18	31,0	31,0	100,0
	Gesamt	58	100,0	100,0	

Im Gegensatz dazu stehen die Ergebnisse über die Planung der einzelnen Phasen im Innovationsprozess. Etwa 36 % der Befragten gaben an, der Ablauf sei fast immer gleich. Aber 46,6 % teilten mit, dass der Ablauf jedes Mal verschieden sei, woraus man schliessen kann, dass mit jedem Vorhaben der gesamte Prozess neu bedacht oder gar strukturiert werden muss (vgl. Tabelle 9).

Tabelle 9

Ablauf der Innovationsphasen im Innovationsprozess der untersuchten Unternehmen				
		Häufigkeit	Prozent	Gültige Prozente	Kumulierte Prozente
Gültig	immer gleicher Ablauf bei allen Innovationsprozessen	6	10,3	10,3	10,3
	im Wesentlichen gleicher Ablauf bei allen Innovationsprozessen	15	25,9	25,9	36,2
	teils/teils, bestimmte Phasen sind immer gleich	10	17,2	17,2	53,4
	immer situativ verschiedener Ablauf	27	46,6	46,6	100,0
	Gesamt	58	100,0	100,0	

29 der Befragten machten genauere Angaben zum Ablauf ihrer Innovationsprozesse (vgl. Tabelle 10). Wir wollen hier exemplarisch die Aussagen von 5 Unternehmensvertretern kurz wiedergeben. Dabei wird deutlich, dass die genannten Aufgaben in einer eher groben Ablauffolge genannt wurden, dass Aufgaben und Ablauffolgen in gewissem Sinne auch Ähnlichkeiten aufweisen, dass aber dennoch zwischen den Aufgabenfolgen die Unterschiede herausragend sind.[47]

Tabelle 10

5 Beispiele für Innovationsprozesse

Unternehmen	Prozessphasen
A	Marktbedürfnis abklären; Konkurrenzanalyse; Portfolio; Chancen/Risiken; Kosten/Nutzen; Entscheid.
B	Projektorganisation/ Planung (Strukturen); Machbarkeitsstudie anhand Pflichtenheft + Checklisten; Produktrealisierung; Zulassung einholen; Verkauf.
C	Idee; Idee ausarbeiten; Entwicklung (Anforderung/ Marktabklärung; Pflichtenheft; Durchführung der Entwicklung); Brainstorming für Anforderungen gemäss Märkten in Gruppen; Realisierungs-Abklärung (mit externen für Marktstudie); 7 Meilensteine-System;
D	Initiierung durch den Kunden/MA; grobe Situationsanalyse/ Machbarkeitsprüfung; Grundsatzentscheid ja/nein; Entwicklung Rezeptur; Produktion; 80 % der Produktionsentwicklung sind kundenspezifisch.
E	Idee MA/ externe Person; -> Gremium (CEO, Produktmanager, Marketingleiter etc) Vorsitzender ist Entwicklungsleiter; -> Idee wird mittels Formular/ Antrag eingeleitet (von PM); -> ja/nein -> Musterentwicklung -> Kunden validieren das Muster (Preis Machbarkeit);

---

[47] Aussagen bezüglich möglicher Gründe hierfür sind derzeit Spekulation und sollen an dieser Stelle nicht betrachtet werden.

Die von uns befragten Teilnehmer wurden dann gebeten, die Kompetenzen und Fähigkeiten zur Erbringung von Innovationstätigkeiten in ihrem Unternehmen einzuschätzen.

Dabei wurden folgende Variablen abgefragt:

- Entwicklung eines ausgeprägten Kundenverständnisses

- Bereitstellung genügender Geldmittel sowie personeller Ressourcen

- Sicherstellung eines frühzeitigen Einbezugs des Marketings

- Einbezug und Koordination verschiedener Abteilungen

- Förderung einer innovationsorientierten Unternehmenskultur

- Lösung auftretender Schwierigkeiten während des Innovationsprozesses

- Sicherstellung eines effizienten Projekt- und Zeitmanagements

- Schnelles und geplantes Vorgehen von der Ideengeneration zur Markteinführung

Die Befragten bewerteten die Kompetenzen ihrer Unternehmen zur Erbringung der verschiedenen Innovationsaktivitäten im Mittel zwischen ausreichend bis gut. Die Frage zu „Einbezug und Koordination verschiedener Abteilungen" wurde beispielsweise von 31 % der Interviewpartner mit „sehr gut" beurteilt. Betrachtet man den Modus, also den häufigsten Wert, wird deutlich, dass die meisten Interviewten in 6 dieser 8 Ausprägungen ihre Kompetenzen als „gut" einstuften. Im Gegensatz dazu stehen die beiden Kompetenzfelder „schnelles und geplantes Vorgehen von der Ideengeneration zur Markteinführung" und „Bereitstellung genügender Geldmittel sowie personeller Ressourcen". In diesen Feldern wurde von den meisten „ausreichend" angegeben.

Rund 64 % der Befragten schätzten den Stellenwert des Projektmanagements als Führungstechnik hoch ein. Lediglich zwei Interviewte teilten mit, Projektmanagement als Führungstechnik nicht zu nutzen.

Die Stellvertreter der Unternehmen wurden sodann befragt, welche Methoden oder Instrumente sie bisher im Innovationsprozess eingesetzt haben, und welche Bedeutung sie diesen zuschreiben. Bei der Betrachtung der unten stehenden Tabelle 11 wird deutlich, dass bei den benutzten Methoden die SWOT-Analyse am häufigsten genannt wurde. Auch Produkttests sowie Markt-, Umwelt- und Unternehmensanalyse werden demnach oft verwendet. Sehr selten wird die Innovationsgrad-Analyse durchgeführt.

Tabelle 11

Methoden, die im Innovationsprozess bisher verwendet wurden		Antworten		Prozent der Fälle
		N	Prozent	
Methoden	Marktbezogene Problemerfassungs- und Analyse-Tools	23	9,5	42,6
	Markt-, Umwelt- und Unternehmensanalyse	32	13,2	59,3
	Innovationsgrad-Analyse	6	2,5	11,1
	SWOT-Analyse	41	16,9	75,9
	Portfolio-Analyse	20	8,3	37,0
	Strategische Planungskonzepte	16	6,6	29,6
	Kreativitätstechniken	26	10,7	48,1
	Produkttests	36	14,9	66,7
	Implementierungstools	27	11,2	50,0
	andere	15	6,2	27,8
Gesamt		242	100,0	448,1

Ungefähr 6 % gaben an, noch andere Methoden/Techniken zu benutzen. Darunter befinden sich z.B. die Techniken Mindmapping, Brainstorming, Kundenbefragung, Innovationsmatrix, Konkurrenzanalyse, Testmarkt, Nutzwertanalyse, Feedback von eigenen Anlässen und Kundenanforderungen.

Die Bedeutung dieser Instrumente und Techniken für den Innovationsprozess im Allgemeinen wurde dementsprechend ähnlich bewertet. Grundsätzlich wurden diese Methoden nicht als bedeutungsvoll für den Unternehmenserfolg gesehen. Der höchste Mittelwert bei den abgefragten Methoden liegt bei 3,59, in Worten also zwischen mittel und hoch.[48] Die SWOT-Analyse und Produkt-Tests werden im Verhältnis zu den übrigen Methoden von den Auskunftspersonen als wichtiger angesehen. Eher gering eingeschätzt werden Strategische Planungskonzepte, Implementierungstools und die Innovationsgrad-Analyse. Erstaunlich ist die im Vergleich zu den anderen Methoden als ziemlich unwichtig eingestufte Beurteilung der marktbezogenen Problemerfassungs- und Analysetools sowie der Markt-, Umwelt- und Unternehmensanalyse.

Tabelle 12

Hilfsmittel und externe Berater, die schon einmal in den Innovationsprozess eingebunden waren			
	Antworten		Prozent der Fälle
	N	Prozent	
keinerlei Unterstützung	8	5,4	13,8
externe techn. Berater	29	19,5	50,0
externe Unternehmens-/Marketingberater	13	8,7	22,4
andere Experten (Wissenschaftler)	31	20,8	53,4
externe Leitfäden/Checklisten	13	8,7	22,4
externe Planungssoftware	6	4,0	10,3
interne Leitfäden/Checklisten	35	23,5	60,3
interne Planungssoftware	8	5,4	13,8
andere	6	4,0	10,3
Gesamt	149	100,0	256,9

In Bezug auf bisher verwendete Hilfsmittel im Innovationsverfahren wird deutlich, dass interne Checklisten und Leitfäden recht beliebt sind und sehr häufig zur Anwendung kommen (vgl. Tabelle 12). Zudem

---

[48] Dabei gilt zu beachten, dass noch eine weitere Bewertungsstufe (sehr hoch) vorgegeben war: 5 = sehr hoch; 4 = hoch; 3 = mittel; 2 = gering; 1 = sehr gering.

werden externe Experten aus dem Technischen Bereich oder aus Universitäten und Fachhochschulen eingesetzt. Nur wenige (8,7 %) greifen auf externe Marketingberater zurück. Rund 14 % der Befragten benutzen keine besonderen Techniken und Tools[49]

Ein weiteres Thema im Rahmen der „Innovationsprozessarbeit" begründet sich durch die Menge der beteiligten Mitarbeiter. Die Kategorie 3–5 Mitarbeiter wurde von den Befragten am häufigsten für den Innovationsprozess genannt (vgl. Tabelle 13).

Tabelle 13

Anzahl der Mitarbeiter im Innovationsprozess				
		Häufigkeit	Prozent	Gültige Prozente	Kumulierte Prozente
Gültig	1–2	4	6,9	6,9	6,9
	3–5	29	50,0	50,0	56,9
	6–9	17	29,3	29,3	86,2
	10–19	5	8,6	8,6	94,8
	20 oder mehr	3	5,2	5,2	100,0
	Gesamt	58	100,0	100,0	

Die meisten Mitarbeiter im Innovationsprozess entstammen der Geschäftsleitung oder sind leitende Angestellte (vgl. Tabelle 13). Gemäss den Aussagen werden betriebswirtschaftliche Mitarbeiter/innen[50] eher sehr selten in den Innovationsprozess eingebunden. Dies stimmt auch mit der obigen Frage nach Unterstützung durch Hilfsmittel oder externe Experten überein, wobei hier ersichtlich wird, dass deutlich weniger Unternehmens- und Marketingberater als technische Berater im Innovationsprozess beteiligt sind. Ausserdem wurde angegeben, dass Mitarbeiter aus der Produktion und Logistik, Verkauf, Einkauf und von Hochschulen eingesetzt werden. Bei dieser Frage

---

[49] Vergleiche mit Programmdimension 4, Innovationshemmnisse.

[50] Betriebswirtschaftliche Mitarbeiter sind Fachpersonen, welche leitende und/oder koordinierende nichttechnische Aufgaben zielorientiert lösen.

nannten die Interviewten die Merkmalsausprägung „Andere" insgesamt häufiger als die Merkmalsausprägung „Marketing-Fachleute".

Die meisten Innovationsprojekte werden sowohl durch Projektleiter als auch durch regelmässige Meetings und bilaterale Kommunikation (32 Unternehmen von 58) gesteuert. 42 Unternehmen setzen eine Projektleitung und regelmässige Meetings ein. Nur in 10 Fällen wird nicht durch den Projektleiter koordiniert. In 4 dieser Unternehmen wird weder mit einem Projektleiter, noch mit regelmässigen Meetings gearbeitet (vgl. Tabelle 14).

Tabelle 14

Koordination der verschiedenen am Innovationsprozess beteiligten Mitarbeiter durch:				
		Antworten		Prozent der Fälle
		N	Prozent	
Koordination der Mitarbeiter durch:	den Projektleiter	48	29,6	82,8
	regelmässige Meetings	48	29,6	82,8
	bilaterale Kommunikation	41	25,3	70,7
	informelle Kommunikation	23	14,2	39,7
	andere	2	1,2	3,4
Gesamt		162	100,0	279,3

Die erfolgreiche Innovation ist elementar durch das Kommunikationsverhalten der Beteiligten bestimmt. Insofern war interessant, wie die Befragten das von ihnen erlebte Kommunikationsverhalten einschätzen. Die Ergebnisse zeigen eine positive Überraschung. Im Hinblick auf die hohe Anzahl umgesetzter Innovationsvorhaben darf man von einem guten Kommunikationsverhalten in den Prozessen ausgehen. Nur rund 27 % der Interviewten schätzten das sachbezogene Kommunikationsverhältnis zwischen den Mitarbeitern ihres Unternehmens als eher schlecht und mittelmässig ein. Die Mehrheit (72,4 %) aber sah das Verhalten als gut oder besser, was als eine recht erfreuliche Erkenntnis gewertet werden darf (vgl. Tabelle 15).

Tabelle 15

Die Qualität des sachbezogenen Kommunikationsverhaltens zwischen den Mitarbeitern				
	Häufigkeit	Prozent	Gültige Prozente	Kumulierte Prozente
eher schlecht	2	3,4	3,4	3,4
mittel	14	24,1	24,1	27,6
gut	38	65,5	65,5	93,1
sehr gut	4	6,9	6,9	100,0
Gesamt	58	100,0	100,0	

Nur 19 % der Experten berichteten von häufiger auftretenden Kommunikationsschwierigkeiten in den Innovationsprozessen, während rund 80 % der Interviewten mitteilten, dass Kommunikationsschwierigkeiten eher seltene Phänomene darstellten. Die Kommunikationsqualität wird durch den Einsatz von Kommunikationsinstrumenten mitbestimmt. Daher wurde gefragt, welche Techniken und Instrumente mit Blick auf eine Zusammenarbeit eingesetzt werden. In allen Unternehmen werden diese mit unterschiedlicher Intensität genutzt. In 18 von 51

Tabelle 16

Verwendete Instrumente der Mitarbeiter-Führung		Antworten		Prozent der Fälle
		N	Prozent	
Instrumente der Mitarbeiterführung	Zielvereinbarungsgespräch	51	24,5	87,9
	Entwicklungsgespräch	40	19,2	69,0
	Konfliktgespräch	30	14,4	51,7
	Informationsgespräch	44	21,2	75,9
	Informelles Gespräch mit dem Vorgesetzten	43	20,7	74,1
Gesamt		208	100,0	358,6

Unternehmen werden alle in den Antwortmöglichkeiten angebotenen Mitarbeiterführungsinstrumente eingesetzt. Am häufigsten wird wohl das Zielvereinbarungsgespräch genutzt, am seltensten (mit knapp 52 %!) das Konfliktgespräch (vgl. Tabelle 16).

Abschliessend wurde in diesem Frageblock untersucht, wie das Unternehmen mit den Ideen der Mitarbeiter umgeht. Ein Grossteil der Interviewten gab an, dass in ihrem Unternehmen die Ideen an zentraler Stelle gesammelt (72,7 % von 41 Antwortenden) und dass eingereichte Ideen bewertet würden (74,5 % von 41). Von fehlender Weiterleitung wurde kaum berichtet. Generelle Ablehnung von Ideen wurde überhaupt nicht angekreuzt – eine positive Bilanz also?!

4.4   Innovationshemmnisse

Das folgende Kapitel ist zwar kurz gehalten, begründet im Kern aber unser Forschungsprojekt sehr konkret. Hier analysierten wir Innovationshemmnisse und deren Gründe.

Dabei kamen folgende überraschende Ergebnisse zu Tage: Rund 74 % der Interviewten gaben an, dass sich schon mindestens ein Mal eine in ihrem Unternehmen entwickelte Produktinnovation als Misserfolg herausstellte. Die Befragten teilen sich in zwei Gruppen: Bei 58 % der gesamten Stichprobe wurde das Produkt in den Markt eingeführt, jedoch ging dann der Umsatz zurück. Bei 35 % wurde die Produktinnovation erst gar nicht in den Markt eingeführt. 22 von 43 Unternehmen gaben als Grund für den Misserfolg eine falsche Einschätzung des Marktpotentials an, das sind mehr als 50 % derjenigen, die Misserfolge erlebt haben!

Weitere oft genannte Gründe bestehen im Preis des Produktes (Produkt war zu teuer) und in der mangelhaften Zuverlässigkeit des Produktes (Produkt war nicht ausgereift). Ausserdem bestätigten die Interviewten auch des Öfteren, dass der Kunde gar kein Bedürfnis nach dem Produkt hatte (vgl. Tabelle 17).

Tabelle 17

Gründe für den Misserfolg einer im Markt eingeführten Produktinnovation				
		Antworten		Prozent der Fälle
		N	Prozent	
Gründe für den Misserfolg	Falsche Einschätzung des Marktpotentials	22	16,1	51,2
	Kunden hatten kein Bedürfnis nach dem Produkt	13	9,5	30,2
	Zu kleiner Markt, zu wenig Kunden	10	7,3	23,3
	Produkt war nicht ausgereift	17	12,4	39,5
	Produkt war nicht neuartig genug	4	2,9	9,3
	Produkt war zu komplex/ schwer verständlich	5	3,6	11,6
	Produkt konnte zuviel	6	4,4	14,0
	Produkt war zu teuer	18	13,1	41,9
	Schlechte Vermarktung	7	5,1	16,3
	Zu starker Wettbewerb	6	4,4	14,0
	Wettbewerb war schneller	5	3,6	11,6
	Interne Kommunikationsprobleme	3	2,2	7,0
	Wenig motivierte oder schlecht ausgebildete Mitarbeiter	5	3,6	11,6
	Andere interne Probleme	5	3,6	11,6
	Zu wenig finanzielle Mittel	2	1,5	4,7
	Andere Gründe	9	6,6	20,9
Gesamt		137	100,0	318,6

In den offenen Fragen wurden die Gründe noch präziser beschrieben. Einzelne Interviewpartner berichteten beispielsweise, dass das Produkt am Markt vorbei entwickelt wurde, kein Bedarf auf dem Markt vorhanden war, ein falsches Produkt entwickelt wurde, die Akzeptanz beim Kunden nicht sehr hoch war, keine Produktprüfung vorgenommen wurde, kein Gewinn erzielt werden konnte, die technische Lösbarkeit durch einen Zielkonflikt verzögert wurde oder dass keine (finanziellen und personellen) Ressourcen vorhanden waren.

Der überwiegende Teil berichtete also von Problemen aus dem Bereich Marketing!

Fast 79 % der Befragten haben schon einmal bewusst auf die Durchführung eines Innovationsprojektes verzichtet. Die Gründe für den Verzicht auf die Durchführung von Innovationsprojekten sind vielfältig. Am häufigsten wurde der Grund „zu hohes wirtschaftliches Risiko" angegeben. Eine weitere Einflussgrösse war vor allem „zu hohe Investitionskosten". Die einzige Variable, bei der der Modus bei „keine Bedeutung" lag, ist die Variable „Gesetzgebung, rechtliche Regelungen, Normen". Auch „Umwelt- und moralische Restriktionen" scheinen keinen grossen Einfluss auf die Entscheidung für den Verzicht zu üben (vgl. Abbildung 4).

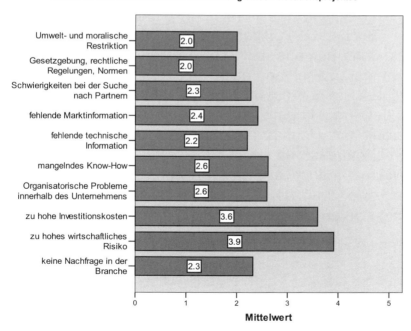

Abb. 4

4.5   Innovationskooperationen

In dieser letzten Programmdimension unserer Erhebung wurde untersucht, wie viele Mittlere Unternehmen Innovationskooperationen eingegangen sind und mit welchen Partnern aus welchen Ländern sie diese Kooperationen durchgeführt haben. 57 % der befragten Unternehmen entwickelten ihre Innovationen selbst. 41 % entwickelten diese in Zusammenarbeit mit anderen Unternehmen und lediglich 1,7 % liessen ihre Produkte von anderen Unternehmen entwickeln.

Ungefähr 60 % der befragten Unternehmen beteiligten sich in den letzten drei Jahren an F&E- oder Innovationskooperationen. Die meisten Kooperationspartner waren Lieferanten oder Kunden. Diese kamen, wie die anderen Kooperationspartner auch, zum Grossteil aus der Schweiz und Europa. Vergleicht man die Kooperationsgruppen Lieferanten, Kunden und Wettbewerber nach geographischen Regionen, so wird deutlich, dass bei diesen drei Gruppen maximal 23,6 der Partner von ausserhalb Europas kommen.

Unternehmensgruppen, Beratungsunternehmen, Hochschulen und staatliche und gemeinnützige Forschungseinrichtungen waren in der untersuchten Stichprobe bisher selten Kooperationspartner und kamen wenn, dann nur aus der Schweiz und Europa. Der Grossteil der Befragten gab dabei an, dass ihr Verhältnis zu ihren beiden Kooperationspartnern gut (ca. 60 %) bzw. sehr gut (ca. 25 %) war. Die letzte Frage des Fragebogens zielte darauf, ob ein Interesse an der Zusammenarbeit mit Hochschulen bestehe. 93 % der Interviewten haben generell Interesse an einer Zusammenarbeit mit Hochschulen bekundet. Wie wir jedoch aus den Antworten zu schon realisierten Kooperationen wie oben dargestellt, ableiten können, setzen bisher nur sehr wenige Unternehmen eine solche Kooperation um.

5 Schlussfolgerungen und Empfehlungen

5.1 Zusammenfassung

In den Ausführungen des vorigen Kapitels wurden die Ergebnisse der ADAM I-Erhebung gegliedert und in der Reihenfolge der fünf definierten Programmdimensionen dargelegt. Hier seien zur Orientierung nochmals die fünf Programmdimensionen der Erhebung erwähnt.

- Demographische Daten und Marktumfeld des Unternehmens (PGD1)

- Stellenwert der Innovation im Unternehmen (PGD2)

- Innovationsverfahren des Unternehmens (PGD3)

- Innovationshemmnisse im Unternehmen (PGD4)

- Innovationskooperationen (PGD5)

Das Erhebungsziel war, eine Antwort auf die Frage „Wie findet Innovation in Schweizer (K)MU statt?" zu besitzen und gleichzeitig zu erkennen, wo allenfalls Defizite im pragmatischen Innovationsmanagement liegen.

Demographische Daten und Marktumfeld des Unternehmens (PGD1)

Zu den demografischen Daten und dem Wettbewerbsumfeld der befragten Unternehmen kann zusammenfassend gesagt werden, dass es gelungen ist, gemäss der in der Realität existierenden Branchenstruktur der MU ein hinreichend korrektes Abbild in der Stichprobe zu erzeugen. Die Zusammensetzung der Untersuchung war folgender Gestalt:

- alle untersuchten Unternehmen besitzen die Rechtsform Aktiengesellschaft

- die Metall- und Elektrobranche ist mit rund 43 % besonders stark vertreten

- über 70 % der befragten Unternehmen beschäftigen zwischen 50 und 149 Mitarbeiter – das ist für den Sektor II exemplarisch

- Schweizer Mittelbetriebe sehen kaum eine Bedrohung ihrer Arbeit durch die Konkurrenz

- aber die Schweizer Mittelbetriebe sehen ihre Produkte im Hinblick auf Konkurrenzprodukte als Substitutionsware

Stellenwert der Innovation im Unternehmen (PGD2)

Es herrscht eine rege Innovationstätigkeit bei den untersuchten Unternehmen. Man darf sagen, dass Produktinnovationen sehr häufig durch Verfahrensverbesserungen unterstützt werden. Die befragten Unternehmen schätzen sich bezüglich der eigenen Innovationsintensität höher als das Branchenmittel ein. Dies zeugt möglicherweise von einem ausgeprägten Selbstbewusstsein, legt aber auch die Vermutung nahe, dass das Konkurrenzverhalten in der Branche verzerrt wahrgenommen wird.

Die Aussagen zu den Inhalten der Produktinnovationen sind bestimmt durch die Tätigkeit der Befragten in den unterschiedlichsten Branchen. In diesem Zusammenhang wurde analysiert, wie die Unternehmen das so genannte Innovationsniveau der neuen Leistungen einschätzten. Ein erstaunliches Ergebnis ist, dass ein grosser Anteil der befragten Unternehmen ihre Innovationen auf dem Niveau „Middle" oder „High" einschätzten. Dies widerspricht den Erkenntnissen aus der repräsentativen Studie von Arvanitis, die belegt, dass rund 63 % der Innovationen auf dem Niveau „Low" angesiedelt sind[51]. Gleichzeitig ist die grosse Mehrheit unserer Studie der Auffassung, dass durch die erfolgreich etablierten Innovationen ihre Marktanteile deutlich verbessert wurden.

4/5 der Unternehmen teilten mit, dass sie ihre Prozesse verbessert haben. Die Prozessverbesserungsansätze sind vielfältigster Natur. Sehr viele der befragten Unternehmen schätzten die eigenen Prozessinnovationstätigkeiten überdurchschnittlich hoch ein. Fast die Hälfte der Befragten meinte, die Konkurrenz mache hier weniger als sie selbst. Nahezu alle Befragten sind der Meinung, dass die realisierten

---

[51] Vgl.: Arvanitis, S. et al.: Innovationsaktivitäten in der Schweizer Wirtschaft, S. 44

Prozessinnovationen sowohl die Kostensituation als auch die Leistungsqualität verbessert hätten.

Zusammenfassend kam die Untersuchung in Bezug auf den Stellenwert der Innovation in den befragten Unternehmen zum Schluss, dass

- die Innovation gemäss den Aussagen der befragten Unternehmen einen wichtigen und hohen Stellenwert hat und eine rege Innovationstätigkeit in vielfältigster Art als Produkt- sowie als Prozessinnovationen bei den Unternehmen erfolgreich betrieben wird, – aber

- die untersuchten Unternehmen meinen, sie selbst innovierten stärker als die Konkurrenz und ihre realisierten Innovationen hätten ein relativ hohes Innovationsniveau – Selbstüberschätzung oder Zufall bedingt durch die Stichprobe?

Innovationsverfahren des Unternehmens (PGD3)

Durch die Frage nach den Innovationsverfahren wurde deutlich, dass

- Innovationsprozesse den „Kick-off" meist von der Geschäftsleitung erhalten! Aber auch der Markt/die Kunden haben hier ein Auslösungspotential – häufig in Form von Auftragsprojekten;

- Teamarbeit beim Innovationsverhalten wichtig ist und bei etwa 50 % der Innovationsinitiierungen stattfindet;

- nach Darlegung der befragten Experten es selten konkrete standardisierte Prozessphasen mit umrissenen Aufgabenpaketen gibt;

- das Projektmanagement als Führungstechnik als wichtig eingeschätzt wird. Grundsätzlich werden diverse Instrumente und Tools im Innovationsprozess verwendet;

- die eingesetzten Instrumente eher Analyseinstrumente sind, während so genannte Implementierungstools, also Werkzeuge, welche helfen, die Innovationsarbeit nach innen und nach aussen zu „vermarkten", eher unbekannt sind;

- während man technische Berater und Werbeagenturen in die Arbeit mit einbezieht, Marketingberater die wohl wirklich seltene Ausnahme sind;

- ein Innovationsteam durchschnittlich 3 bis 5 Mitarbeiter hat. Diese Mitarbeiter entstammen häufig der Geschäftsleitung bzw. sind leitende Angestellte und kommen häufig aus dem technischen Bereich. Betriebswirtschaftliche Mitarbeiter oder gar Marketingleute scheinen die Ausnahme darzustellen;

- Projekte recht häufig (aber keineswegs immer) durch Projektleiter geführt und koordiniert werden;

- das Kommunikationsverhalten im Innovationsprozess als mittel bis gut bezeichnet wird;

- Kommunikation sehr häufig durch unterschiedliche Techniken unterstützt wird, die Unternehmen unterschiedliche Techniken einsetzen.

Innovationshemmnisse im Unternehmen (PGD4)

Rund 75 % der befragten Unternehmen gaben an, dass Innovationen auch mal erfolglos waren. Rund 70 % der hier genannten Gründe für die Erfolglosigkeit beziehen sich auf suboptimal erfüllte Aufgaben, die im weiteren und engeren Sinne mit dem Markt und dem Marketing im Zusammenhang stehen. Die restlichen 30 % der genannten Gründe beziehen sich auf prozessgegebene Aspekte.

Im Hinblick auf allfällige Hemmnisse trat hervor, dass

- die untersuchten Unternehmen ihre relevanten Märkte scheinbar nicht so gut kennen wie es notwendig wäre,

- Produktentwicklungen und Innovationen häufig unter Vernachlässigung von Marketing geschaffen werden,

- Marketing nur als eine funktionale Vermarktungsaufgabe des bereitstehenden Produktes gesehen wird,

- die Marktorientierung als Erfolg versprechende Philosophie in den befragten Unternehmen nur rudimentär etabliert ist.

Innovationskooperationen (PGD5)

Zum Fragenbereich Innovationskooperationen stellte sich heraus, dass Schweizer MU stetige Innovationsarbeit leisten, dies auch in Kooperationen tun und an kooperativer Arbeit sehr interessiert sind. Die häufigsten Kooperationspartner (Lieferanten und Kunden) sind Schweizer und/oder Europäer. Grundsätzlich sei man an der Zusammenarbeit mit Hochschulen interessiert – habe dies aber bislang noch kaum wahrgenommen.

5.2   Empfehlungen

Durch diese Studie trat deutlich zu Tage, dass Innovationen in den befragten MU aus wettbewerbspolitischen Beweggründen einen angemessenen Stellenwert haben, bewusst stattfinden und, obgleich das Innovationsmanagement in seiner Gesamtheit betrachtet bisweilen doch recht lückenhaft ist, die Unternehmen ihre Innovationen dennoch lancieren. Vor allem die Ergebnisse in den Schwerpunkten „Innovationsverfahren des Unternehmens und Innovationshemmnisse im Unternehmen" zeigen auf, dass gewisse Kenntnisse an Innovationsinstrumenten, Innovationstechniken, Tools und Verfahrensweisen in den Unternehmen zwar existieren, dass aber diese Hilfsmittel eher situativ für einzelne anstehende Aufgaben in den Innovationsprozessen angewendet werden. Nur ein Unternehmen gab an, man sei bestrebt, einen ganzheitlichen Innovationsprozess zu gestalten, um diesen dann auch im Unternehmen zu implementieren.

Die Frage nach den „Gründen für den Misserfolg von Innovationen" zeigt in den Antworten deutlich auf, dass ein gerichtetes Innovationsmarketing wohl diverse Schwächen in der Praxis aufweist. Schon bei der Genesis von Innovationsprojekten sind Marketingexperten oft absolut unterrepräsentiert. Dies weist darauf hin, dass Innovationsideen wohl häufig aus produktionsorientierter Sicht gewonnen werden. Oder anders formuliert, die Marktorientierung scheint in der Praxis des zweiten Sektors bei den MU nicht besonders ausgeprägt zu sein.

Obgleich in der Praxis recht viele Innovationen umgesetzt werden, fehlt es an einem ganzheitlichen, marktorientierten und integrierten Innovationsverhalten bei den von uns untersuchten Unternehmen. Mit

Blick auf eine notwendige Vorwärtsprofilierungsstrategie der auch international wirkenden MU dürfte es aber angezeigt sein, ein systematischeres, marktorientiertes Innovationsgeschehen mit dem Markt zu leben.

Die Autoren erachten daher ein Vorgehen in zwei Schritten als sinnvoll. Zuerst sollte die Implementierung der Marktorientierung in den Einstellungen der leitenden Mitarbeiter und dann zeitlich versetzt die Gestaltung der unternehmensspezifischen Innovationsinfrastruktur angegangen werden. Der zweite Schritt beinhaltet zum einen die personellen, anlagemässigen, finanziellen und rechtlichen Ressourcen, zum anderen die Führungsinstrumente und Führungsmassnahmen und weiter ein Marketing- und Innovationsinformationssystem und Massnahmen zur Informationsbeschaffung.

Anfang dieses Berichtes wurde die Frage gestellt, die durch unsere Erkenntnisse aus der Erhebung nun zentralen Stellenwert gewinnt: Braucht die Zielgruppe der mittleren Unternehmen einen Innovationsnavigator – oder ist das derzeitige Innovationsverhalten sogar für sie optimal? Mit Bezug auf die Erkenntnisse dieser Studie können wir die Entwicklung eines solchen Instrumentes nur befürworten. Die Forschungspartner *Zentrum für Marketing Management* der Zürcher Hochschule Winterthur (ZMM/ ZHW) und das *Institut für Management und Innovation* der Fernfachhochschule Schweiz (IMI/ FFHS) haben sich daher die Entwicklung des bereits angedeuteten Innovationsnavigators zur Aufgabe gemacht. Der Innovationsnavigator soll, wie Eingangs beschrieben, eine heuristische Toolbox sein, deren Instrumente prozessual angeordnet sind, sodass durch die Arbeit mit dem Innovationsnavigator die Innovationsaufgaben sukzessive, gemäss einem idealen Innovationsprozessverlauf, angegangen werden können.

Im Navigator müssten, in Anlehnung an das Modell des IN-Prozesses von Rüttimann, grob gesehen die drei Prozessphasen Innovationsplanung, Innovationskonkretisierung und -realisierung eingearbeitet werden:

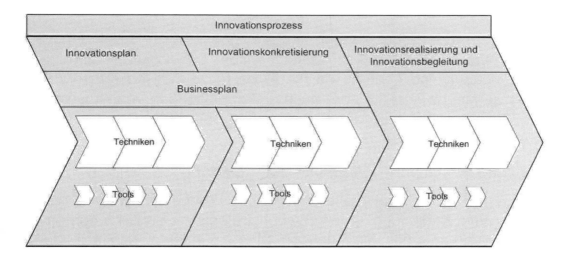

Abb. 5[52]

Innovationsplan

Mit einer Markt- und Unternehmensanalyse werden die Bedingungen der relevanten Märkte (Marktchancen und -risiken) und des eigenen Unternehmens mit seinen Stärken und Schwächen erhoben. Aus diesen Erkenntnissen lassen sich Innovations- und Marketingziele sowie Marketingstrategien ableiten. Ziel ist: Auf der Grundlage der Marktchancen und Unternehmensstärken jene Produktinnovationen, welche mit grosser Wahrscheinlichkeit nachhaltigen Nutzen für Kunden und Unternehmen bringen, zu bestimmen und die Vorgehensweise festzulegen.

Innovationskonkretisierung

Auf der Grundlage des Innovationsplanes werden die strategische Produktausrichtung, die Produktgestaltung und die Strategie und die Marketingstossrichtung definiert. Dabei steht die Frage im Zentrum, welche herausragenden funktionalen und psychologischen Produktausprägungen sich gegenüber vergleichbaren Konkurrenzprodukten behaupten können. Der Fachjargon bezeichnet sie als Positionierung, Unique Selling Proposition (USP) resp. Unique Advertising Proposition (UAP).

---

[52] Grafik erstellt von A. Jung.

Businessplan

Parallel zur Innovationsplanung und -konkretisierung wird ein Innovationsbusinessplan entwickelt. Marktchancen, Entwicklungs- und Vermarktungsaufwand ebenso wie die Planerträge müssen erfasst, einander gegenübergestellt, aber auch zeitraumbezogen verteilt werden. Der Businessplan gibt darüber Auskunft, ob und wie gross der ökonomische Erfolg sein kann.

Innovationsrealisierung/Innovationsbegleitung

Die ausgewählten Innovationen müssen nun umgesetzt werden. Realisierung und Begleitung haben sowohl strategische als auch operative Dimensionen. Es gilt, die richtigen Dinge nun auch richtig zu tun. Konkret geht es dabei um das strategische und operative Marketingkonzept. Je weiter die Planung in die Zukunft reicht, desto unschärfer sind natürlich Marktreaktionen und allfällige Massnahmen einschätzbar. Um die einmal eingeschlagene Richtung halten zu können resp. um Alternativen bei notwendigen Kursänderungen zur Hand zu haben, sind diese prospektiven Überlegungen jedoch von elementarer Bedeutung.

Auf Grund der sich so ergebenden Informationsverdichtung entstehen die Schlussfolgerungen tendenziell, indem sich die Entscheidungsfreiheitsgrade durch die Arbeit mit dem Navigator einschränken.

So lässt sich im Ablauf Schritt für Schritt ein optimaler Innovationsprozess für ein beliebiges Unternehmen bestimmen. Hierbei ist das Ergebnis, also der zu bestimmende Innovationsprozess, abhängig von den zur Verfügung stehenden Informationen und Vorgaben, vom Risiko, das man bereit ist einzugehen und von den Managementfähigkeiten der Anwender. Durch den Einsatz des Planungstools „Innovationsnavigator" ist das innovierende Unternehmen deutlich verbessert in der Lage, jene strategischen Fähigkeiten und Ordnungsstrukturen zu generieren, die es der Unternehmung dann ermöglicht, stabile von der Konkurrenz kaum imitierbare Fähigkeiten und dadurch nachhaltige Erfolgspotentiale aufzubauen.

Literaturverzeichnis

Afuah, A.: Innovationsmanagement. Oxford: Oxford University Press, 2003.

Amt für Wirtschaft und Arbeit des Kantons Zürich: *F&E Ausgaben*. URL: http://216.239.51.104/search?q=cache:yxu_zgsdCagJ:www.stand-ort.zh.ch/internet/vd/awa/standort/de/wirtschaft/branchen/hq.Sub-ContainerList.SubContainer2.ContentContainerList.0010.Down-loadFile.pdf+F%26E+Ausgaben+Forschungsausgaben+pro+Kopf+in+US%C2%A3&hl=de&gl=de&ct=clnk&cd=1[Stand: 26.1.2006].

Arvanitis, S. / Bezzola, M. Donzé, L. / Hollenstein, H. / Marmet, D.: Innovationsaktivitäten in der Schweizer Wirtschaft. Eine Analyse der Ergebnisse der Innovationserhebung 1999. Bern: seco 2001 (= Studienreihe des Staatssekretariats für Wirtschaft – Leistungs-bereich „Wirtschaftspolitische Grundlagen". Strukturberichterstat-tung Nr. 5).

Arvanitis, S. / Hollenstein, H.: Das Innovationsverhalten Schweizer Industrieunternehmen: eine ökonometrische Untersuchung anhand von Firmendaten für input-, output- und marktergebnisorientierte Innovationsindikatoren unterbesonderer Berücksichtigung der Firmengrösse. Zürich: KOF ETH, 1992.

Backhaus, K. / Erichson, B. / Plinke, W./ Weiber, R.: Multivariate Ana-lysemethoden. Eine anwendungsorientierte Einführung. Zehnte, neu bearbeitete und erweiterte Auflage. Berlin, Heidelberg: Springer, 2003.

Balmer, R. / Inversini, S. / von Planta, A. / Semmer, N.: KTI-Projekt Innovation und Innovationshemmnisse in Klein- und Mittelbetrieben. Zwischenbericht. Bern: Institut für Psychologie der Universität Bern, 1997.

Balmer, R. / Inversini, S. / von Planta, A. / Semmer, N.: Innovation im Unternehmen. Leitfaden zur Selbstbewertung für KMU. Zürich: vdf Hochschulverlag an der ETH, 2000.

Bearden, W./ Sharma, S./ Teel, J.: "Sample Size Effects on Chi Square and Other Statistics Used in Evaluating Causal Models". In: Journal of Marketing Research, November 1982, S. 425–430.

Beck, Bernhard: Volkswirtschaft verstehen. Zürich: vdf, Hochschulverlag an der ETH, 2001.

Beroggi, G. / Lévy, M. / Pastor, E.: Wie Innovation messen und effektiv fördern? Eine Delfi-Befragung. In: Die Volkswirtschaft. 12–2005, S. 20

Bortz, J.: Statistik für Human- und Sozialwissenschaftler. 6., vollständig überarbeitete und aktualisierte Auflage. Heidelberg: Springer, 2005.

Bortz, J. / Döring, N.: Forschungsmethoden und Evaluation für Human- und Sozialwissenschaftler. 3., überarbeitete Auflage. Heidelberg: Springer, 2005.

Boston Consulting Group Innovationserhebung (second annual global survey of senior executives on innovation and the innovation-to-cash (ITC))

Brockhoff, K.: „Vom Forschungs- und Entwicklungsmanagement zum Technologie- und Innovationsmanagement" In: Schweizerische Gesellschaft für Betriebswirtschaft (Hg.): Die Unternehmen. Jg. 59, 1/2005.

Bruckner, J.: Innovationsmanagement konsumtiver Dienstleistungen im tertiären Sektor. Dissertation der Universität St. Gallen. St. Gallen: Difo-Druck Bamberg, 2000.

Bundesamt für Statistik: Statistisches Jahrbuch der Schweiz 2005. Zürich: Verlag Neue Zürcher Zeitung, 2005.

Cooper, R.G.: "The Dimensions of Industrial New Product Success and Failure" In: Journal of Marketing. Vol. 43, Summer 1979, S. 93-103.

Disselkamp, M.: Innovationsmanagement. Wiesbaden: Gabler Verlag, 2005.

Dold, E. / Gentsch, P.: Innovationsmangement. Handbuch für mittelständische Betriebe. Neuwied, Krieftel: Luchterhand, 2000.

Eisenhut, P.: Aktuelle Volkswirtschaftlslehre. Chur etc.: Rüegger, 2000.

Flick, U.: Qualitative Forschung. Ein Handbuch. 3. Auflage. Hamburg: Rowohlts, 2004.

Flick, U.: Qualitative Forschung. Eine Einführung. Vollständig überarbeitete und erweiterte Neuausgabe. 2. Auflage. Hamburg: Rowohlts, 2004.

Focus Lexikon Marktforschung: Unique Advertising Proposition. URL: http://relaunch.medialine.de/PM1D/PM1DB/PM1DBF/pm1dbf_koop.htm?snr=5675

Gabler (Hrsg): Wirtschaftslexikon. Die ganze Welt der Wirtschaft: Betriebswirtschaft – Volkswirtschaft – Recht – Steuern. 16., vollständig überarbeitete und aktualisierte Auflage. Wiesbaden: Gabler, 2004.

Harhoff, D. / Licht, G.: Innovationsaktivitäten kleiner und mittlerer Unternehmen. Ergebnisse des Mannheimer Innovationspannels. Baden-Baden: Nomos, 1996

Hässig, K.: Prozessmanagement. Erfolgreich durch effiziente Strukturen. Zürich: Versus, 2000.

Hausschildt, J.: Innovationsmanagement. 3. völlig überarbeitete und erweiterte Auflage. München: Vahlen, 2004.

Horvath & Partners (Hrsg.): Prozessmanagement umsetzen. Durch nachhaltige Prozessperformance Umsatz steigern und Kosten senken. Stuttgart: Schäffer-Poeschel, 2005.

Hotz-Hart, B. / Good, B. / Küchler, C/ Reuter-Hofer, A: Innovation Schweiz. Herausforderungen für Wirtschaft und Politik. Zürich: Rüegger, 2003

IMD The World Competetiveness Yearbook, 2004: F&E – Ausgaben. URL: http://www.standortschweiz.ch/imperia/md/content/update2005deutsch/36.pdf?PHPSESSID= [Stand: 25.01.2006].

infas (Institut für angewandte Sozialwissenschaften), ZEW (Zentrum für Europäische Wirtschaftsforschung GmbH), Frauenhofer Institut: Vierte Europaweite Innovationserhebung. Community Innovation survey 2005 (CIS IV). 2005

Konjunkturforschungsstelle der ETH: Befragung 1996. Innovations-aktivitäten. Industrie. 30. September 1996.

Lamnek, S.: Qualitative Sozialforschung. Lehrbuch. 4. vollständig überarbeitete Auflage. Basel: Beltz, 2005.

Lombriser, R ./ Abplanalp, P.: Strategisches Management: Visionen entwickeln, Strategien umsetzen, Erfolgspotentiale aufbauen. 2. durchgesehene und erweiterte Auflage. Zürich: Versus, 1998.

Matell, M. / Jacoby, J.: "Is there an Optimal Number of Alternatives for Likert Scale Items? Study I: Reliability and Validity" in: Educational and Psychological Measurement, 1971. S. 657–674.

Meyer, J-A.: Wissens- und Informationsmanagement in kleinen und mittleren Unternehmen. Köln: Eul, 2005 (= Jahrbuch der KMU-Forschung und -Praxis; 6.2005).

Osterloh, M. / Frost, J.: Prozessmanagement als Kernkompetenz. Wie Sie Business Reengineering strategisch nutzen können. 4. aktualisierte Auflage. Wiesbaden: Gabler, 2003.

Patzak, G. / Rattay, G.: Projektmanagement. Leitfaden zum Management von Projekten, Portfolios und projektorientierten Unternehmen. 4. wesentlich überarbeitete und ergänzte Auflage. Wien: Linde, 2004.

Pfeiffer, R. / Goffin, K.: Innovationsmanagement in deutschen und britischen produzierenden Unternehmen. York: Deutsch-Britische Stiftung für das Studium der Industriegesellschaft, 2000.

Pfetzing, K. / Rohde, A.: Ganzheitliches Projektmanagement. Giessen: Dr. Götz Schmidt, 2001 (= Schriftenreihe Organisation. Band 2).

Pieler, P.: Neue Wege zur lernenden Organisation. Bildungsmanagement – Wissensmanagement – Change Management – Culture Management. 2. vollständig überarbeitet und erweiterte Auflage. Wiesbaden: Gabler, 2003.

Rammer, C./ Aschhoff, B. / Doherr, T. / Peters, B. / Schmidt, T.: Innovationsverhalten der deutschen Wirtschaft. Indikatorenbericht zur Innovationserhebung 2004. Zentrum für Europäische Wirtschaftsforschung GmbH und infas. Mannheim, 2005

Rüttimann, R.: Wie man das Rad erfindet. Marktnahes und ergebnisorientiertes Innovationsmanagement. Zürich: Orell Füssli, 2003.

Schmidt, G.: Methode und Techniken der Organisation. 11. Auflage. Giessen: Dr. Götz Schmidt, 1997.

Schneeweis, Th.: Das Innovations- und Investitionsverhalten von Unternehmen. Eine theoretische und empirische Untersuchung für die Bundesrepublik Deutschland. Berlin: Dunkner & Humblot, 2000 (= Schriftenreihe des ifo-Instituts für Wirtschaftsforschung; 148).

Schwarz, E.J. (Hrsg.): Nachhaltiges Innovationsmanagement. Wiesbaden: Gabler, 2004.

Thom, N.: „Innovationsmanagement" In: Orientierung Nr. 100, 1992.

Meissner, D. / Steinmeier, I. / Titelnot, C.: Innovationsmanagement. Berlin: Springer, 1999 (= Festschrift zu Ehren von Professor Dr. Helmuth Sabisch aus Anlass seines 65. Geburtstages).

Vahs, D. / Burmester, R.: Innovationsmanagement. Von der Produktidee zur erfolgreichen Vermarktung. 3. überarbeitete Auflage. Stuttgart: Schäffer/Pöschel, 2005

Van Someren, T.C.R.: Strategische Innovation. So machen Sie Ihr Unternehmen einzigartig. Wiesbaden: Gabler, 2005

Vögtlin, A.: Innovation ist planbar. Analysen, Instrumente, Konzepte. Zürich: Orell Füssli, 2002

Vonlanthen, Jean-Marc: Innovationsmanagement in Schweizer Unternehmen. Ausgewählte organisatorische und personalwirtschaftliche Betrachtungen, konzeptionelle Grundlagen. Drei Explorativstudien. Bern: Peter Lang-Verlag, 1995

Zentrum für Europäische Wirtschaftsforschung: Europaweite Innovationserhebung (Community Innovation survey) 2005

Zentrum für Europäische Wirtschaftsforschung: Indikatorbericht zu Innovationserhebung 2004: Innovationsverhalten der deutschen Wirtschaft. 2004

Abbildungsverzeichnis

Tabellenverzeichnis

Marketing und Innovation

Zwei, die sich doch nicht ganz so lieb haben

Jürg Hari

Prof. Dr. Jürg Hari ist Dozent für Marketing an der Zürcher Hochschule in Winterthur. Seine Spezialgebiete sind Marktforschung, Management des Kundenwertes und persönlicher Verkauf (Aussendienst).

Er war in der Unternehmensberatung für Marketing, Strategie-Entwicklung, Business Development und Prozess-Management tätig und hat lange Jahre Erfahrung im Marketing von innovativen Pharma- und Biotech-Produkten bei weltweit führenden Unternehmen der Branche.

Inhaltsverzeichnis

1   Einleitung

„Bevor Sie eine innovative Mausefalle produzieren, ist es hilfreich, herauszufinden, ob es dort draussen überhaupt Mäuse gibt." Mit diesem Satz beschreibt M. B. Zuckerman das zentrale Problem im Marketing von neuen Produkten. Dies zeigte sich auch in aller Deutlichkeit in der kürzlich von uns durchgeführten Studie (siehe dazu A. Jung). Im Hinblick auf allfällige Hemmnisse hat die Studie gezeigt, dass die untersuchten Unternehmen ihre relevanten Märkte scheinbar nicht so gut kennen, wie es notwendig wäre, und dass die Marketingabteilung nur als eine funktionale Organisationseinheit für die Vermarktung des bereitstehenden Produktes gesehen wird. Es überrascht daher nicht, dass viele Innovationen nicht den gewünschten Erfolg im Markt haben. Bei etwas mehr als der Hälfte der Unternehmen wurde das Marktpotential zu hoch eingeschätzt und/oder die Kunden hatten schlicht keinen Bedarf für dieses neue Produkt.

Das soll keine Verurteilung sein: In der Praxis finden viele Innovationen ihre Umsetzung! Es fehlt dabei lediglich an einem ganzheitlichen, marktorientierten und integrierten Innovationsverhalten bei den von uns untersuchten Unternehmen. Schon bei der Genesis von Innovationsprojekten sind Marketingexperten oft absolut unterrepräsentiert. Das weist darauf hin, dass Innovationsideen wohl häufig aus produktionsorientierter oder technologischer Sicht gewonnen werden. Dies führt in der Praxis zur Markteinführung von Produkten und Dienstleistungen, die technologisch hoch stehend sind und am Anfang auch einen gewissen Erfolg haben (dazu mehr weiter unten). Innovation findet ja nicht völlig losgelöst vom Markt statt. Der Fokus liegt aber doch zu häufig auf der Technologie und nicht auf dem Kunden, der das Produkt schlussendlich kaufen soll.

In einem lesenswerten Artikel stellt ein Autor eine Analyse von unzähligen Produkten aus zahlreichen verschiedenen Artikeln vor und kommt zum Schluss, dass das Treffen von Kundenbedürfnissen der wichtigste Erfolgsfaktor ist (Henard, 2001). Selbstverständlich spielen Faktoren wie technologische Kompetenz und die Personalstrategie auch eine grosse Rolle, sind aber eben oft nur Befähiger und nicht Auslöser.

Der vorliegende Artikel soll die beiden „Kinder" Innovation und Marketing näher zusammen bringen. Dabei stehen zwei Themen im Vordergrund: die Genesis von innovativen Produkten und die eigentliche Einführung im Markt. Verschiedenste Studien haben gezeigt, dass die Nähe zum Markt den wohl wichtigsten Erfolgsfaktor darstellt. Das Marketing kann bei der Ideengenerierung und Konzeptionierung von neuen Produkten wertvolle Beiträge leisten. In der Markteinführung leistet das Marketing naturgemäss einen zentralen Beitrag. Dieser Artikel behandelt aus diesem Grunde die zwei Themenbereiche Design von neuen Produkten und Markteinführung von neuen Produkten.

Und hier noch eine zusätzliche Anmerkung in der Einleitung. Das Wort „Kunde" umfasst hier sowohl ein anderes KMU oder Grossunternehmen als auch den effektiven Endkunden, der das Produkt in seinem Haushalt zur Anwendung bringt. Die Aufgabe in den meisten Firmen ist also durchaus anspruchsvoll: Dem Kunden und zusätzlich dem Kunden des Kunden gerecht werden!

2 Design von neuen Produkten

Zum Stellenwert der Innovation in den befragten Unternehmen kam die bereits erwähnte Studie zum Schluss, dass Innovation in den befragten Unternehmen einen wichtigen und hohen Stellenwert hat und eine rege Innovationstätigkeit in vielfältigster Art als Produkt- sowie als Prozessinnovationen bei den Unternehmen erfolgreich betrieben wird.

Im Hinblick auf allfällige Hemmnisse hat die Studie gezeigt, dass die untersuchten Unternehmen ihre relevanten Märkte scheinbar nicht so gut kennen wie es notwendig wäre, Produktentwicklungen und Innovationen häufig unter Vernachlässigung von Marketing geschaffen werden und die Marketingabteilung nur als eine funktionale Vermarktungsorganisation eines bereits entwickelten Produktes gesehen wird. Die Marktorientierung als Erfolg versprechende Philosophie ist in den befragten Unternehmen nur rudimentär etabliert.

Was ist zu tun? Marktkenntnis ist offensichtlich eine zentrale Voraussetzung im ganzen Innovationsprozess. Jeder Leser (die männliche Form ist bewusst gewählt!) kann den Selbsttest machen: Können Sie sagen, welche Kleidung Ihre Partnerin heute gerade trägt? Bei einem Test in einem Einkaufszentrum waren 31 von 32 Männern nicht in der Lage, diese Frage zu beantworten (genau das Umgekehrte gilt für Frauen). Überspitzt könnte man formulieren: Wie glaubwürdig sind vor diesem Hintergrund die Aussagen bezüglich kennen der Bedürfnisse der Kunden? Nur als Fortsetzung der „Kleidergeschichte": Im Marketing weiss man, dass Kleider eines der wichtigsten Elemente im Eigenverständnis einer Person sind. In menschlichen Beziehungen ist die Wahrnehmung des Gegenübers (ihr Eigenverständnis) ein zentraler Erfolgsfaktor. Fast jede Person hat das Bedürfnis nach Anerkennung auch die eigene Partnerin nach langen Jahren der Partnerschaft. In der Abteilung für Entwicklung und in der Geschäftsleitung sind männliche Individuen in der grossen Überzahl und die Folge davon ist, dass grundlegendste Elemente für den Erfolg nicht wahrgenommen werden (von oben: Mode als Eigenverständnis und die Wichtigkeit von Feedback!). Deshalb gilt, dass die Sicht des Kunden zwingend im ganzen Innovationsprozess und auch schon ganz zu Beginn bei der Ideenfindung einbezogen werden muss. Dies kann, wie die folgenden Abschnitte zeigen, auf ganz unterschiedliche Art stattfinden.

2.1   Methoden zur Kundenerforschung

Ein Verständnis für die Kunden zu bekommen erfordert meist qualitative Methoden – wie übrigens auch für die Genesis von neuen Ideen. Im Marketing unterscheidet man qualitative und quantitative Methoden. Die qualitativen Methoden sollen vor allem Hintergründe, Motive, Erfolgsfaktoren und Ähnliches aufzeigen. Die quantitativen Methoden ergeben vor allem Grössenordnungen wie Prozentzahlen, Marktanteile, Häufigkeiten, etc. und kommen vor allem beim Konzepttest und bei der Abschätzung des Marktpotentials zur Anwendung (weiterführend dazu Kühn, 2006).

Um Kunden wirklich zu verstehen, stehen naturgemäss qualitative Interviews im Vordergrund. Diese werden vorteilhaft von externen

Leuten durchgeführt. Die Kunst dabei ist es, offene Fragen zu stellen und so lange nachzufragen, bis man den Punkt verstanden hat. Beispiele für solche offene Fragen sind: „Welche Unterschiede zwischen den gängigen Marktangeboten gibt es?" Häufig werden in der ersten Antwort relativ banale Antworten gegeben, wie „Preis-Leistungs-Verhältnis". Der Interviewer muss dann nachfragen, was der Kunde damit meint, wie er das messen und beurteilen kann. Eine ergänzende Methode kann auch die Means-End-Analyse darstellen (Sondergaard, 2005). Dabei wird ausgehend von Produktattributen (z.B. schneller Mechanismus) der Nutzen (z.B. keine Verzögerung) erfragt und weitergefragt, bis die dahinter liegenden Werte zum Vor-schein kommen (z.B. „als professionell wahrgenommen werden, Zugehörigkeit"). Als Resultat entstehen Ketten von Produktattributen zu Nutzen zu Werten und die Methodik wird deshalb auch als Means-End-Chains bezeichnet. Weil die dazwischen liegenden Fragen alle mit „Warum ...?" beginnen wird die Technik auch als Laddering bezeichnet (z.B. „Warum ist ein schneller Mechanismus wichtig?").

Eine weitergehende Form von dieser Technik ist das so genannte Empathische Design. Bei dieser Methodik begleitet der Lieferant den Kunden bei der Benutzung des Produktes. Dies kann bis zu einem Tag dauern. Eine teilweise fremd anmutende Methode ist hier das „Interview durch Ausserirdische". Dabei nimmt der Interviewer die Position eines Ausserirdischen ein, der gar nichts versteht und scheinbar dumme Fragen stellt wie „Wozu dient das?" oder „Warum tun Sie das?". Diese Methodik kann bei technisch orientierten Kunden schlecht ankommen, gibt aber sehr tiefgreifende Erkenntnisse (Leonard, 1997).

In diesem Abschnitt muss auch die Methodik der Kooperativen Ent-wicklungskonferenzen erwähnt werden. Der Lieferant organisiert zusammen mit einem oder auch mehreren Kunden eine Konferenz (häufig um die 20 bis 40 Teilnehmer), um anstehende Probleme, Möglichkeiten, Technologien, etc. gemeinsam zu erörtern. Der Auf-wand dafür ist natürlich hoch (List, 2004).

Schliesslich kann eine simple Beobachtung des Kunden sehr gute Aufschlüsse über sein Verhalten geben. Diese Methode wurde vor allem im Konsumgüterbereich intensiv angewendet. Prominente Beispiele dafür sind Beobachtungen in Supermärkten. Marktforscher beobachteten, wie Kunden einkaufen, welche Wege sie nehmen, wie lange sie die Preise oder Packungsaufschriften lesen und vieles andere. Problematisch dabei ist, dass der Marktforscher nahe an legale und ethische Grenzen kommt (Underhill, 2003).

Wie bereits erwähnt bieten alle diese Methoden vertiefte Einblicke in das Verhalten der Kunden und dienen als Grundlage für alle weiteren Schritte.

2.2   Methoden zur Ideengenerierung

In der Literatur zur Innovation wird dieser Bereich extrem tiefgründig behandelt und es ist nicht nötig, dies hier zu wiederholen. Lediglich die – im Grunde ja schon altbekannte – Methodik der Lead user Analysis soll hier kurz betrachtet werden.

Lead User sind, wie der Name sagt, dem Markt voraus (von Hippel 1989, Urban, 1988). Es sind Kunden, die Probleme früher als andere Kunden haben. Dies kann sein, weil sie selber an besonders innovativen Produkten arbeiten (z.B. weit herausragende Flachdächer, oder besonders gefährdete Tunnels, etc.) oder auch weil sie in bestimmten Gebieten besonders tief gehen (z.B. Ausloten auch der letzten Details einer Spielkonsole). Zusätzlich sind diese Kunden auch relativ gut im Markt vernetzt, sprechen also mit anderen Kunden und geben Referenzen ab. Auf der negativen Seite ist zu vermerken, dass diese Kunden nicht sehr treu sind und den neuesten Trends folgen.

2.3   Methoden zum Konzepttest

Kundenkliniken sind eine Methode, um den Gebrauch der Produkte und Dienstleistungen beim Kunden und Endverbraucher zu studieren. Dies kann von simplen Beobachtungen beim Gebrauch von Maschinen und Geräten in der Fabrikhalle gehen bis hin zu Studien der aktuellen Endkunden. In der Automobilbranche beginnt sich dies langsam zu etablieren (siehe Schweinsberg, 2004; Cleveland, 2005). Lieferanten studieren die Prozesse ihrer Kunden (die Autohersteller) eingehender und analysieren auch, wie die aktuellen Endkunden (Autofahrer) die Produkte gebrauchen. So kam beispielsweise zum Vorschein, dass LKW-Fahrer häufig barfuss fahren und gewisse Teppiche und Beläge in der Fahrerkabine einfach nicht mochten. „Barfuss" entspricht aber nicht gerade dem Image, das die harten LKW-Fahrer von sich und die LKW-Hersteller von den LKW-Fahrern haben. Natürlich kam diese Erkenntnis nicht so einfach aus den Gesprächen mit den Kunden hervor. Dazu brauchte es eben eine Kundenklinik.

Usability Testing wurde vor allem durch das Design von Websites bekannt, kann aber auch für andere Produkte verwendet werden. Beim Usability Testing werden Konsumenten und Benutzern Aufgaben gestellt. Die Konsumenten werden bei der Lösung beobachtet und es wird festgehalten, ob die gewünschten Resultate überhaupt erzielt wurden, wie viel Zeit die Aufgabe in Anspruch nahm und wie zufrieden die Kunden mit dem Umgang und den Resultaten waren (Hemetsberger, 2006).

Beta Testing kommt auch vor allem aus dem IT-Bereich und kann – da viele Produkte heute mit Software ausgerüstet sind – in einem breiten Feld von neuen Anwendungen verwendet werden. Das Ziel von Beta Test ist vor allem, die Korrektheit der Anwendung, deren Sicherheit und Qualität zu prüfen (Hemetsberger, 2006). Hier sei die Swisscom als illustratives Beispiel genannt: Kürzlich (September 2006) schaltete die Swisscom eine Internet Page frei, auf der Kunden so genannte Beta-Versionen von neuen, mobilen Produkten herunterladen können (siehe dazu http://labs.swisscom-mobile.ch).

2.4 Methoden zur Einschätzung des Marktpotentials

An erster Stelle muss natürlich die gängige Marktforschung im Allgemeinen erwähnt werden (siehe dazu Kühn, 2006; Berekoven, 2006). Diese Methoden werden einer Firma ein erstes Bild vom Markt geben. In diesem Abschnitt sollen ein paar ergänzende, aber dennoch sehr wichtige Techniken kurz dargestellt werden.

Test Marketing steht bei Konsumgütern oft im Vordergrund. Ein Produkt wird in einem abgegrenzten, aber einigermassen repräsentativen Markt lanciert und der Erfolg gemessen. Mittels Hochrechnung kann der Markterfolg auf dem ganzen Markt geschätzt werden. Im B2B-Bereich findet diese Methode wenig Verwendung.

Simulationen haben zum Ziel den potentiellen Markt in einem Modell abzubilden. Dies kann gerade im B2B-Bereich sehr hilfreich sein. Man kann dies häufig sogar mit einfachen Excel-Tabellen erledigen. Aus marktspezifischen Parametern wie beispielsweise Anzahl Kunden, Budgetzyklen beim Kunden, wahrscheinlichen Besuchs- und Offert-zyklen und vielen anderen Parametern kann mittels einfacher Rechnungen abgeschätzt werden, wie viele Produkte abgesetzt werden.

Die Delphi-Technik ist schon recht verbreitet. Konkret werden hier Experten (normalerweise 20 bis 30 Personen) zu den potentiellen Märkten befragt. Diese Experten sind häufig Manager, Berater, Leute im Aussendienst oder Vertreter aus Verbänden und kennen alle einen Markt persönlich sehr gut. Diese Experten werden in einer ersten Runde mit einem offenen Fragebogen befragt. Die Antworten werden anonym allen Teilnehmern zur nochmaligen Beantwortung zugestellt. Dabei hat die Methodik das Ziel der Konvergenz, die Antworten sollten sich also im Verlaufe der Zeit (meist nach zwei bis drei Runden) angleichen.

3 Markteinführung von neuen Produkten

Die schwierigste Phase in der Innovation beginnt mit der Einführung im Markt. Erste Kunden kaufen zum ersten Mal dieses Produkt. Im Folgenden seien einige Hinweise zu dieser kritischen Phase aufgeführt.

3.1 Zielgruppe bestimmen

Die erste Wachstumsphase ist dann überschritten, wenn die drei „F"-Segmente Leistungen gekauft haben (in Anlehnung an ein angel-sächsisches Sprichwort): „Family, Friends and Fools". Im nahen und zugewandten Umfeld ist es oft eine etwas leicht zu nehmende Hürde in der Markteinführung. Dies gilt sowohl für Konsumgüter als auch für Güter im B2B-(Business to Business)-Bereich. Gerade auch im B2B-Bereich sind die drei „F" gefährliche Kumpanen. Sie unterstützen ganz wesentlich die bereits weiter oben erwähnte produktionsorientierte und technologische Sicht der internen Ingenieure. Die drei „F" sind ja meist auch von der Technologie begeisterte Kunden und keinesfalls repräsentativ für den gesamten Markt. Deshalb ist es unabdingbar, ein Marketing- und Vertriebskonzept zu haben, das aufzeigt, wie die Hürde nach den drei „F" genommen werden kann. Dies muss zwingend auch Nicht-Kunden des Unternehmens mit einschliessen. Mit anderen Worten: Das aus den Grundlagen des Marketing bekannte Konzept der Marktsegmentierung muss schlüssig und klar in der Praxis umgesetzt werden. Nur allzu oft geht dies in der ersten Euphorie verloren oder wird oberflächlich gemacht. Es ist auch vorteilhaft, Kunden nach deren Innovationsverhalten einzuteilen (Cestre, 1998, Moore, 2002). In einer ersten Phase sollten die Innovatoren und die Early Adopters angegangen werden. Diese haben andere Nutzenvorstellungen als die Laggards und müssen folglich auch anders angesprochen werden. Attribute von Produkten stiften Nutzen beim Kunden und deshalb müssen die Kommunikationsstrategie und die Strategie bezüglich Produktvarianten eng verknüpft werden und sich auch dem Innovationszyklus anpassen. Frühe Kunden tendieren eher dazu, technische Attribute zu bevorzugen, und spätere Kunden wollen vor allem das Risiko reduzieren (z.B. als Garantie oder Dauerhaftigkeit). Mund-zu-Mund-Propaganda und auch Referenzen spielen dabei eine grosse Rolle (siehe weiter unten).

In der Diffusionsstrategie gilt es eine zusätzliche Hürde zu beachten. Kunden, die Innovationen gerne kaufen, sind meist auch Schmetterlinge, die gerne zur nächsten Innovation „weiterfliegen". Mit diesen Kunden können Sie kein Geschäft aufbauen. Dies kann nachhaltig erst mit den aus der Literatur bekannten „Early adaptors" und „Early Majority" (erste Übernehmer und erste Mehrheit) geschehen. Es ist zwar verlockend, bei der Markteinführung ein Produkt gleich breit einzuführen. Aber zu häufig reden die Unternehmen dann mit den falschen Kunden und führen interessante Gespräche, können aber nur wenig verkaufen. Die sorgfältige Auswahl des Zielpublikums ist also im Sinne einer Optimierung der Verkaufsstrategie ein zentrales Element.

3.2 Nutzen und Zufriedenheit verkaufen

Um auf das Bild der innovativen Mausefalle zurückzukommen: Wenn es tatsächlich Mäuse dort draussen gibt, heisst das noch lange nicht, dass jemand die neue Falle auch kauft. Alte Gewohnheiten und Verhaltensweisen verhindern oftmals die erfolgreiche Einführung von sehr innovativen Produkten. Menschen ändern ihr Verhalten eben nicht so leicht. Schneller, besser oder billiger sind keine Erfolgsfaktoren bei einer Markteinführung. Das Unternehmen muss mögliche Unzufriedenheiten der Kunden mit den existierenden Produkten herausfinden. Beispiele dafür reichen von offensichtlichen und einfachen Kundenaussagen wie „Es ist ärgerlich, dass die Software keine Schnittstelle zu XY hat" – was die Marktentwicklung von vielen Schweizer Softwarefirmen ermöglichte – bis hin zu Kundenaussagen wie „Schade, dass ich meine Lieblingsmusik nicht in die Schule nehmen kann" – was die Entwicklung des MP3-Players ermöglichte. Der Grat zwischen Zufriedenheit und Unzufriedenheit ist aber schmal. Dies illustriert die Entwicklung der HarddiskRekorder. Viele Leute sind eben nicht unzufrieden, am Abend vor dem TV zu sitzen und fern zu sehen. Man hat ja zur Not immer noch den VHS-Rekorder und will eigentlich am Feierabend nicht gestört werden! Der Harddisk-Rekorder gibt dem Konsumenten einen Zusatznutzen, aber stösst auf keine wirkliche Unzufriedenheit. Die Verkäufe sind unter den Erwartungen der Produktionsfirmen.

Nur eine kleine Anmerkung am Rande: Der eigentliche Verkauf eines Produktes erfolgt natürlich nicht über die Unzufriedenheit des Kunden. Verkauf heisst weiterhin den Bedarf aufzeigen und den Nutzen illustrieren. Bedarf und Nutzen muss aber auf einer Unzufriedenheit basieren und ein Aha-Erlebnis auslösen.

Kundenverhalten kann gerade auch im B2B-Bereich sehr bewahrend wirken. In mehreren Projekten mussten wir feststellen, dass Unternehmens-interne Prozesse und Personal grosse Stolpersteine sind. Ein innovativer Service wurde von den Kunden zwar begeistert zur Kenntnis genommen und ein Kauf als Möglichkeit in Betracht gezogen, aber nicht gerade jetzt. Das mache man im Moment intern und man könne die Mitarbeiter dadurch besser auslasten (Prozess).

Zudem wüsste man nicht, wie man die Mitarbeiter einsetzen solle (Personal). Diese seien deutlich über 50 Jahre alt und es habe noch keine Entlassungen in der langjährigen Geschichte des Unternehmens gegeben. Auch in das Feld „Prozesse" gehört der Einkaufsprozess. Die grosse Mehrheit der KMU in der Schweiz hat unprofessionelle Einkaufsprozesse. Insbesondere eine durchgängige Beurteilung von Lieferanten fehlt. Wir beobachten häufig, dass Unternehmen ihre Lieferanten nur alle paar Jahre dem Wettbewerb aussetzen und eine Konkurrenzofferte einfordern. Dadurch gehen natürlich auch Chancen zur Innovation weitgehend verloren. Umgekehrt ist es für einen Lieferanten schwierig und braucht viel Zeit, um neue Kunden zu gewinnen.

3.3   Markenamen als Unterstützung einsetzen

Der Markenname des Unternehmens ist ein weiterer Stolperstein in der Diffusionsstrategie. Allzu häufig wird in KMU der Markenpflege nicht die nötige Aufmerksamkeit geschenkt. Technologie ist unbestritten ein zentrales Element in vielen KMU, aber eben nur die Basis. Es braucht zusätzlich eine gezielte Pflege der Marke. Diverse Studien zeigen, dass der Markenname eines Unternehmens einer der wichtigsten Türöffner ist. Ohne gute Markenpflege werden die Termine der Mitarbeiter im Aussendienst weniger häufig und weniger erfolgreich sein.

3.4   Mund-zu-Mund-Propaganda

Naturgemäss ist dies sehr schwer im Marketing umzusetzen. Mund-zu-Mund-Propaganda ausnützen heisst ja, dass ein Lieferant gezielt Kunden dazu bringt, ihn weiter zu empfehlen. Idealerweise geschieht dies ohne Zutun des Anbieters und hat dann die grösste Wirkung. (Cestre, 1998)

4   Fazit

Die obigen Ausführungen zeigen eines deutlich: Eine eingehende Analyse der verschiedenen Aspekte kann einem Unternehmen viel Ungemach ersparen. Ein scheinbar weit hergeholtes Beispiel soll dies verdeutlichen: Kein Kunde akzeptiert heute ein Medikament, das nicht eingehend in Bezug auf Wirkungsweise, Abbaubarkeit, Verträglichkeit, etc. analysiert wurde. Dies erstreckt sich von den Anfängen der Technologie eines Medikamentes bis hin zur Analyse des Verschreibungsverhaltens der Ärzte und dem Konsum durch den Patienten lange nach Markteinführung. Diese Analysen können ganze Bibliotheken füllen. Erfolgreiche Grossunternehmen in völlig anderen Branchen (z.B. Software, Spielkonsolen, Waschmittel, etc.) gehen heute mit ähnlichen Methoden vor und sind gerade dadurch eben erfolgreicher. Für KMU sind die dafür verfügbaren Budgets natürlich etwas kleiner, sollten aber dennoch deutlich höher sein als wir es in der Praxis beobachten. Gerade die Unterstützung von aussen (z.B. durch ein Marktforschungsunternehmen oder eine Hochschule) ist in der frühen Phase entscheidend. Die Aussensicht kann viele Fehlinvestitionen verhindern oder eine Markteinführung noch erfolgreicher machen. Ausreden von fehlender Zeit, fehlendem Budget und Know-how sollten der Vergangenheit angehören. Die Zusammenarbeit mit Externen löst alle diese Probleme und – entgegen der verbreiteten Meinung – stellt oft kein Problem in Bezug auf Geheimhaltung dar. Eine bessere Geheimhaltung kann oft beobachtet werden (Andrews, 2005).

Zusammenfassend können folgende Empfehlungen abgegeben werden:

- Gibt es überhaupt einen Markt für das Produkt? Mitarbeiter aus Marketing und Verkauf früh mit einbeziehen.

- Eine verfehlte Markteinführung ist eine teure Art der Marktanalyse (die zynische Sicht).

- Analyse des jetzigen und zukünftigen Kundenverhaltens, das heisst, genaue Antwort auf die Fragen: Was ändert sich in den Prozessen der Kunden und wie sieht die Personalsituation nach Einführung beim Kunden aus?

- Markenpflege ist zentral.

Innovation ist ein zentrales Element eines jeden Unternehmens. Berücksichtigen Sie die erwähnten Empfehlungen und Ihr Unternehmen wird deutlicher erfolgreicher bei der Einführung von neuen Produkten.

Literaturverzeichnis

Andrews, R.R.: Products for tomorrow, 2005, S. 22–26

Berekoven, Ludwig: Marktforschung: methodische Grundlagen und praktische Anwendung, 2006

Cestre, G. / Darmon, R.Y.: Assessing consumer preferences in the conterxt of new product diffusion, 1998, S. 123–135

Cleveland, J.: Why consumer research matters to suppliers, 2005, S. 14–17

Botschen, Günther / Botschen, Martina: Kundenintegrierte Neu-produktentwicklung von Dienstleistungen, 2006

Hemetsberger, Andrea: Qual der Wahl – welche Methode führt zu kundenorientierten Innovationen?, 2006, S. 399–433

Füller, Johann / Jawecki, Gregor / Bartl, Michael: Produkt- und Serviceentwicklung in Kooperation mit Online Communities, 2006, S. 435–454

Kühn, Richard / Kreuzer, Michael: Marktforschung: Best Practices für Marketingverant-wortliche, 2006

Leonard, D. / Rayport, J.F. : Spark innovation through empathic design, 1997, S. 102–113

List, Dennis / Metcalfe, Mike: Sourcing forecast knowledge through argumentative inquiry, 2004, S. 525–535

Schweinsberg, C.: The consumer is always right – usually, 2004, S. 44–45

Sondergaard, Helle A.: Market-oriented new product development: how can a means-end chain approach affect the process, 2005, S. 79–91

Underhill, Paco: Why we buy: the science of shopping, 2003

Urban, Glen L / von Hippel, Eric: Lead user analysis for the develop-ment of new industrial products, 1988, S. 569–582

Van Kleef, E./ Van Trijp, H.C.M. / Luning, P.: Consumer research in the early stages of new product development: a critical review of methods and techniques, 2005, S. 181–201

von Hippel, Eric: New product ideas from "lead users", 1989, S. 24–27

Könnten deutsche produzierende Unternehmen innovativer werden?

Rolf Pfeiffer

Prof. Dr. Rolf Pfeiffer ist seit 1976 Professor für Internationales Management, Internationales Marketing und Unternehmensplanspiele an der Export-Akademie Baden-Württemberg und European School of Business, Hochschule Reutlingen. Davor war er als Ingenieur und Ökonom in verschiedenen Unternehmen in den Bereichen Entwicklung, Versuch, Produktion und Maketing tätig. Zu seinen Forschungs- und Lehrgebieten zählen Aussenwirtschaft und Unternehmensführung, Internationales Benchmarking und Innovationsmanagement. Seit einigen Jahren ist Prof. Pfeiffer als Unternehmer in der Beratung für eine Integrierte Unternehmensführung und für Management Simulation aktiv.

Inhaltsverzeichnis

1 Grundlagen zur Innovation

1.1 Einführung

Konkurrenzdruck, Globalisierung und kürzere Produktlebenszyklen vergrössern den Druck auf Unternehmen, innovativ zu sein – also bessere neue Produkte, Dienstleistungen und Prozesse zu entwickeln. In Abbildung 1 sind einige Faktoren dargestellt, die Unternehmen zwingen, innovativ zu sein. Neben den Änderungen im wirtschaftlichen Umfeld und technologischen Durchbrüchen können es auch wechselnde Kunden oder neue Konkurrenz sein.

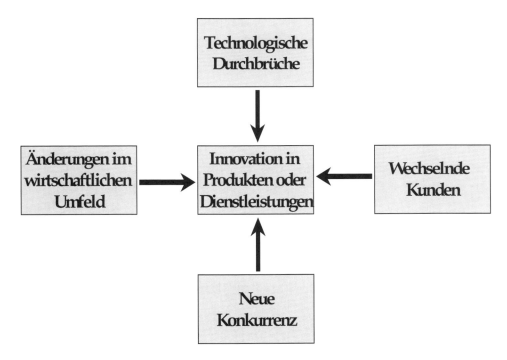

Abb. 1:   Faktoren für die Notwendigkeit von Innovationen (Sheth, J.N. und Ram, R.)

Obwohl die Notwendigkeit für Neuerungen erkannt wird, haben Unternehmen oft Schwierigkeiten, diese effektiv einzuleiten und umzusetzen. Aktuelle Studien der Export-Akademie Baden-Württemberg und der Cranfield School of Management (z.B. Pfeiffer und Goffin

2002, Pfeiffer et al. 2001, Lohmüller 2004) identifizierten einige Hauptprobleme im Umgang mit Innovationen:

Innovation wird missverstanden

Nicht die Erfindung allein ist massgebend, sondern die Fähigkeit, diese zu vermarkten oder diese durch zusätzliche Dienstleistungen attraktiver für Kunden zu machen.

Zu viele Entwicklungsprojekte

Viele Unternehmen versuchen durch viele parallel laufende Projekte ihren Output zu vergrössern. Damit wird aber oft das Gegenteil erreicht – die Unternehmen verzetteln sich und nur wenige Projekte werden erfolgreich zu Ende geführt.

Innovation als Einzeldisziplin

Um gut zu sein ist es notwendig, in vielen Disziplinen gut zu sein und nicht nur in einer, wie viele Manager meinen.

Unternehmen, die innovativ sein wollen, orientieren sich oft an Wettbewerbern. Vergleichszahlen, die dabei zu Grunde gelegt werden, führen aber oft zu einer Fehleinschätzung. Insbesondere dann, wenn man sich am Durchschnitt orientiert. In Abbildung 2 sind die Innovationsraten – Mittelwert und Top 25 % – deutscher Unternehmen dargestellt. Überraschend ist, dass im Vergleich zum Durchschnitt die Top 25 % deutlich mehr neue Produkte einführen. Dieses Beispiel verdeutlicht, sich nicht am Durchschnitt zu orientieren, sondern an den „Best Practices".

Abbildung 2 zeigt, dass neue Produkte eine grosse Rolle in der Industrie spielen. Der Umsatz mit neuen Produkten liegt im Mittel zwischen 20–30 %. Bei den Top-Unternehmen ist der Stellenwert von Innovationen noch stärker ausgeprägt – diese Unternehmen generieren mehr als 50 % ihres Umsatzes mit neuen Produkten. Dagegen erzielen die schlechtesten Unternehmen weniger als 8 % ihres Umsatzes mit diesen neuen Produkten.

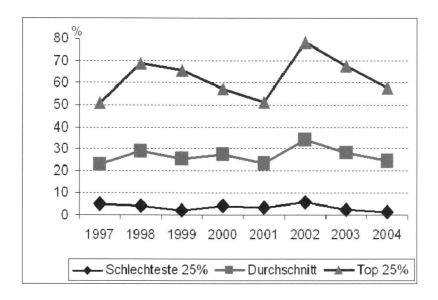

Abb. 2:   Umsatz mit neuen Produkten, nicht älter als drei Jahre, Mittelwert und Top 25 %, Auswertung von 434 Unternehmen der International Best Factory Awards Deutschland (GiMA consult / Export-Akademie Baden-Württemberg)

1.2 Definition von Innovation

Um konkurrenzfähig zu bleiben, muss Innovation in allen Unternehmensbereichen stattfinden. Innovation in Produkten, Herstellungsprozessen, Dienstleistung und Geschäftsabläufen (Abbildung 3).

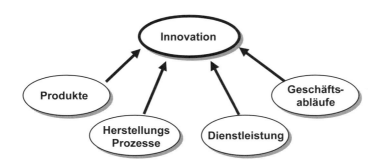

Das 5-Felder-Modell

Abb. 3:   Bereiche für Innovationen (Pfeiffer und Goffin, 2000)

Da der Begriff Innovation heute sehr oft genutzt wird, ist eine weitere Definition notwendig. Innovation heisst, etwas Neues schaffen und erfolgreich am Markt/in der Praxis einführen.

Unabhängig vom Innovationsschwerpunkt sind die Elemente zur Umsetzung von Ideen und Projekten immer gleich. Innovation kann nicht nur auf einen bestimmten Unternehmensbereich fixiert werden, sondern ist das Ergebnis eines Zusammenwirkens mehrerer Faktoren. Insbesondere die Innovationskultur und die im Unternehmen fest-gelegte Innovationsstrategie spielen dabei eine wichtige Rolle. Abbil-dung 4 zeigt das Zusammenspiel dieser beiden Faktoren mit den Elementen Kreativitätsmanagement, Portfoliomanagement und Projekt-Management des Entwicklungsprozesses.

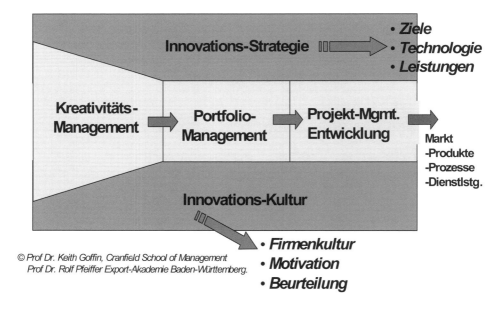

© Prof Dr. Keith Goffin, Cranfield School of Management
Prof Dr. Rolf Pfeiffer Export-Akademie Baden-Württemberg.

Abb. 4:   5 Elemente des Innovationsmanagements (Pfeiffer und Goffin, 2000)

Der Innovations-Check wurde aus diesen Erkenntnissen entwickelt, um Managern einen schnellen Überblick über die Stärken und Schwächen im Innovationsmanagement zu geben. Als Einstieg zur Optimierung von Innovationsprozessen in Unternehmen hat sich dieses Werkzeug als hervorragende Ausgangsbasis für weitere Verbesserungsschritte bewährt.

1.3 Nutzung des Innovations-Checks und Auswertungshinweise

Im Rahmen von Schlüsselaussagen werden alle Unternehmensgebiete abgefragt und mit Kennzahlen bewertet. Daraus werden Stärken und Schwächen eines Unternehmens innerhalb der 5 Felder sichtbar.

Innerhalb der 5 Felder sind jeweils fünf Kriterien aufgeführt. Die Bewertung der einzelnen Kriterien erfolgt in einer Selbsteinschätzung auf einer Messskala 0 (schlecht) – 5 (Best in Class). Die maximale Punktzahl pro Bereich ist also 25. Über alle fünf Bereiche können insgesamt maximal 125 Punkte erzielt werden. Abhängig von der erreichten Punktzahl gibt die Auswertung Hinweise darüber, in welchen Bereichen das Unternehmen gut und wo Verbesserungspotentiale vorhanden sind.

Damit wird mit dem Innovations-Check den Unternehmen ein Tool an die Hand gegeben, um Stärken und Schwächen im Innovationsmanagement zu identifizieren. Darauf aufbauend können dann konkrete Massnahmen abgeleitet und umgesetzt werden. Wichtig hierbei ist die Messung der Ausgangsposition und die Überprüfung der Massnahmen in bestimmten Zeitabläufen – das Innovationsmonitoring. Der Innovations-Check ist als interaktives Tool über das Internet unter www.gimaconsult.com abrufbar.

Der Innovations-Check gibt Hilfestellung zu folgenden Fragen:

- Wie ist die aktuelle Innovationsleistung?

- In welchen der fünf Schlüsselbereiche kann sich das Unternehmen verbessern?

- Welche Ziele kann ich festlegen und was ist der Gradmesser für die Entwicklung der Innovationsleistung?

Beispielhaft sind nachfolgend einige Tabellen mit den Fragen zur Auswertung des Innovations-Checks aufgeführt.

2 Der Innovations-Check

Insgesamt umfasst der Innovations-Check Fragen zu den Elementen des 5-Felder-Modells. In der nachfolgenden Tabelle sind die Fragen zum Bereich Innovationsstrategie dargestellt.

Tabelle 1: Fragen im Bereich Innovationsstrategie

#	Aussage	Selbstbewertung					
		0 = Schlecht Best in Class = 5					
		0	1	2	3	4	5
1	Innovation ist als fundamentaler Teil der Philosophie und Werte des Unternehmens eingeführt.	☐	☐	☐	☐	☐	☐
2	Das Management verbringt genügend Zeit damit, alle Phasen der Innovation zu unterstützen.	☐	☐	☐	☐	☐	☐
3	Innovationsziele für neue Produkte, Dienstleistungen und Prozesse sind festgelegt bzw. schriftlich in einem Strategiepapier dokumentiert.	☐	☐	☐	☐	☐	☐
4	Es ist ein ausgewogenes Gleichgewicht von wirklich innovativen Projekten sowie Produktverbesserungen vorhanden.	☐	☐	☐	☐	☐	☐
5	Innovationsaktivitäten (z.B. Innovationsrate) von Konkurrenten sind bekannt und werden überwacht	☐	☐	☐	☐	☐	☐
	Gesamtpunktzahl Innovationsstrategie						

Analog sind die Tabellen mit den restlichen vier Bewertungsbereichen zur Innovationskultur, zum Kreativitäts-Management, zum Portfolio-Management und zum Projekt-Management (Produktentwicklung) aufgebaut. Zur Auswertung werden alle Punkte aus den jeweiligen Feldern des Innovationsmodells zusammengefasst. In Tabelle 2 sind die Auswertungshinweise für den Bereich Innovationsstrategie dargestellt.

In ähnlicher Weise kann für jeden der restlichen vier Bereiche eine Zuordnung von Punktzahl zu notwendigen Aktivitäten zur Verbesserung des Innovationsmanagements erfolgen.

Tabelle 2:   Auswertungshinweise zum Bereich Innovationsstrategie

Punkte	Kommentar
0–5	Sie haben keine erkennbare Innovationsstrategie. Sie sollten sich Gedanken darüber machen, welchen Stellenwert Ihre Mitarbeiter in Bezug auf Innovationen in Ihrem Unternehmen haben.
6–10	Eine Innovationsstrategie ist in Ansätzen vorhanden. Wir empfehlen, diese konsequent weiterzuentwickeln.
11–15	Ihre Innovationsaktivitäten sind gut auf Ihre strategischen Ziele abgestimmt. Dennoch hat ihre Strategie einige Lücken, die minimiert werden sollten.
16–25	Sie haben eine sehr gut ausformulierte Innovationsstrategie. Dennoch empfehlen wir, Ihre aktuelle Strategie zu überprüfen und gegebenenfalls an die aktuellen wirtschaftlichen Rahmenbedingungen anzupassen.

3   Erfahrungen aus dem Projekt „International Best Factory Award (IBFA)" in Deutschland mit der produzierenden Industrie

Seit nunmehr 10 Jahren führt die Export-Akademie Baden-Württemberg ein internationales Benchmarking-System durch, das zu einem bekannten Wettbewerb ausgebaut wurde, dem sog. International Best Factory Award (IBFA) und dem International Best Service Award (IBSA). Einen Wettbewerb in gleicher Form führt die Cranfield School of Management in UK und die SDA Bocconi in Italien durch.

Im Rahmen des Wettbewerbs wurden von Anfang an Werte zu dem Bereich Innovation erhoben, sodass diese jetzt im Zeitverlauf darge-stellt werden können.

Der schon in Abbildung 2 verwendete Verlauf der Mittelwerte und der besten 25 % sollen hier weiterverwendet werden.

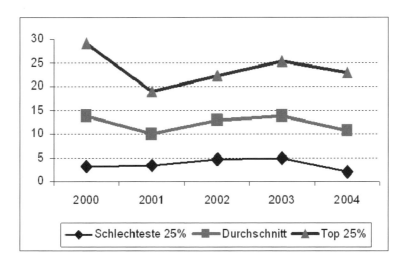

Abb. 5:   Momentane Innovationsrate / Jahr in %

Der durchschnittliche Verlauf der momentanen Innovationsrate pro Jahr in Abbildung 5 zeigt, dass die besten 25 % der Unternehmen über die 5 Jahre immer 4–5 mal so viele neue Produkte am Markt ein-führen als die schlechtesten 25 %. Ganz ähnlich ist das bei den Inves-titionen in Forschung&Entwicklung in % vom Umsatz in Abbildung 6.

Die Frage wäre nun, ob sich diese grosse Aktivität der besten 25 % lohnt, d.h. im Gewinn und in anderen unternehmerischen Werten aus-wirkt. Dies ist schwer zu beweisen, da nur wenige Unternehmen konti-nuierlich über die ausgewerteten 5 Jahre an dem Benchmarking-Wettbewerb teilgenommen haben. Bei den wenigen kontinuierlich teil-nehmenden Unternehmen zeigt sich aber eine Tendenz zu mehr Erfolg als bei den anderen Unternehmen. Eine Auswertung, auch mit diskontinuierlichen Teilnahmen, führen wir laufend durch, diese sind aber noch nicht ausreichend fundiert, um hier Aussagen zu treffen.

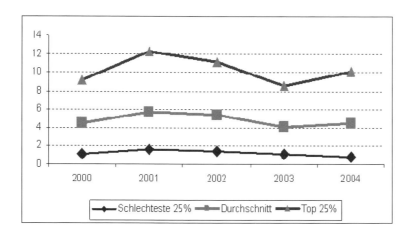

Abb. 6:   Investitionen in R&D in % vom Umsatz

Die Aktivität eines sehr guten erfolgreichen Unternehmens aus der Automobil-Zuliefer-Industrie zur Verkürzung der Innovationszeit über die Jahre 2000 bis 2004 zeigt Abbildung 7. Dieses Ergebnis der Verkürzung der Produktinnovationszeit von 48 Monaten auf 18 Monate trägt einmal zur Erhöhung der Innovationsrate, aber auch zur Erhöhung des Gewinns bei. Die ständige Verbesserung der Wettbewerbsposition wurde bei einer Auditierung ebenfalls festgestellt, die Erfassung in konkreten Werten in vielen weiteren Kennzahlen ist erfolgt, würde hier aber mit einer Darstellung zu weit führen.

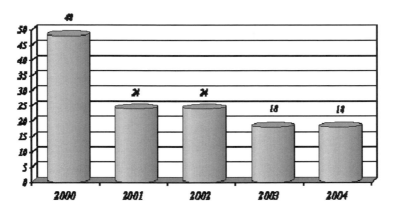

Abb. 7:   Produkt-Innovations-Zeit in Monaten

Hier ist noch kritisch auf eine Analyse in der PhD Thesis von Lohmüller (Lohmüller, Cranfield School of Management) zu verweisen, die genau auf den Zusammenhang zwischen Innovation und Umsatz bzw. Gewinn abhebt. Lohmüller verwendet eine Fallstudien-Analyse mit 11 deutschen Unternehmen aus den Branchen Maschinenbau und Elektrotechnik/Elektronik. Das Ergebnis dieser Analyse zeigt:

Den Managern ist nicht klar, welche Beziehung zwischen der Produkt-Innovations-Rate und dem Anteil des Umsatzes mit neuen Produkten am Gesamt-Umsatz besteht.

Erst eine Diskussion mit einem Diagramm, das die Abhängigkeiten zwischen den zuvor erwähnten Grössen deutlich macht, bringt mehr Klarheit in die Zusammenhänge.

Aus den Interviews ergibt sich dann, dass die Beziehung zwischen der Produkt-Innovations-Rate und dem Prozentsatz des Umsatzes mit neuen Produkten (der letzten drei Jahre) von drei Schlüsselwerten abhängig sind: Markt, Wettbewerb und Produkt-Innovations-Strategie.

Das erwähnte Forschungsprojekt zeigt eine Lösung dieser Fragen für Unternehmen gemäss den oben angegebenen Zusammenhängen auf, betont aber auch, dass die Produkt-Innovation zu sehr auf sich selbst im Unternehmen konzentriert ist (z.B. nur auf das Projektmanagement für neue Produkte (NPD)), anstatt sich auch mit den Zusammenhängen zwischen der Innovationsstrategie, der Unternehmensphilosophie, den Kreativitätstechniken und der Portfolio-Analyse zu beschäftigen. Allerdings wird hier in der Forschungs-Arbeit auch vorgeschlagen, noch weitere Fallstudien zu diesem Thema durchzuführen, insbesondere in anderen Ländern ausserhalb Deutschlands.

Genau dies führt das IMI der FFHS jetzt auch durch, ist also absolut up-to-date. Da eine Basis für die Analyse die Benchmarking-Studie in einem Land ist (Pfeiffer, Benchmarking), wurde jetzt begonnen, einen Benchmarking-Wettbewerb (neben Grossbritannien und Italien) auch in der Schweiz, in Australien, Brasilien, Polen, Russland und der Ukraine einzuführen. Nur so erhält man eine gute Datenbasis für die Aktivitäten im Bereich Innovationen.

Literaturverzeichnis

Nachfolgend sind Publikationen aus dem Bereich Innovation zusammengestellt.

Goffin, K. / Pfeiffer R. / New C. / Szwejczewski M. / Lohmüller B.: Standort Deutschland: A Systematic Comparison of Manufacturing, Performance in Germany and the UK, in Zeitschrift für Betriebswirtschaft, Wiesbaden, Nr. 11, November 2001

Lohmüller, B., PhD, Thesis, Drivers of Product Innovation: An Investigation of German Manufacturing Companies, 2003 (Graduation in 2004) Cranfield School of Management (UK).

Lohmüller, B. / Goffin, K. / Pfeiffer, R.: Company Performance Index: A New Management Tool for Practitioners. International Workshop Performance and Risk Measurement: Operations, Logistics and Supply Chains, Bocconi University, Milan (Italy), December 2004.

Lohmüller, B. / Goffin, K. / Pfeiffer, R.: Drivers of Product Innovation: An Investigation of German Manufacturing Companies. 11th International Product Development Conference, Dublin (Ireland), June 2004.

Lohmüller, B. / Goffin, K. / Pfeiffer, R.: Product Innovation on Business Unit Level: An Investigation of German Manufacturing Companies. 10th International Product Development Conference, Bruessels (Belgium), June 2003.

Lohmüller, B. / Goffin, K.: Why Innovate? An Investigation of Product Innovation in German Manufacturing Companies. 9th International Product Development Conference, Sophia-Antipolis (France), May 2002.

Pfeiffer, R. / Lohmüller, B.: Mit der integrierten Unternehmensführung zu Spitzenleistungen. DIE NEWS – dem Magazin für Selbständige Unternehmer, Vol. 5, May 2005, S. 40–41.

Pfeiffer; R. / K. Goffin: Innovationsmanagement und Virtualisierung – Ergebnisse aus einem deutsch-britischen Projekt, in: Wirtschaftskybernetik und Systemanalyse, Band 21, Berlin 2002, S. 181–190

Pfeiffer, R. / K. Goffin: Innovationsmanagement in deutschen und britischen produzierenden Unternehmen, Ein Bericht der Deutsch-Britischen Stiftung, London 2000

Pfeiffer, R.: Wettbewerbsvorteile durch Benchmarking in der Automobilzuliefer-Industrie, in: Top Career Guide 2006, S. 95–98

Sheth, J.N. / R. Ram: Bringing Innovation to Market: How to Break Corporate and Customer Barriers, John Wiley and Sons Inc, New York 1987

Abbildungsverzeichnis

Tabellenverzeichnis